Isolde Heyne

Yıldız heißt Stern

LANGENSCHEIDT
Berlin · München · Wien · Zürich · New York

Leichte Lektüren für Jugendliche

Herausgegeben vom Goethe-Institut München

Zu diesem Jugendbuch ist ein Didaktisierungsvorschlag in Vorbereitung.

Umschlag und Illustrationen: Peter Laux

Redaktion: Hedwig Miesslinger

© 1994 by Arena Verlag GmbH, Würzburg

Druck: 4.   3.   2.
Auflage: 99   98

© 1996 Langenscheidt KG, Berlin und München
Druck: Druckhaus Langenscheidt KG, Berlin
Printed in Germany, ISBN 3-468-49695-8

Isolde Heyne, 1931 in Aussig (CR) geboren, kam als 14jährige durch die Nachkriegsereignisse nach Sachsen. Dort lebte sie 34 Jahre.

Von 1961 bis 1964 studierte sie am Literaturinstitut in Leipzig, seit 1964 war sie als freischaffende Schriftstellerin und Journalistin für Verlage, Rundfunk, Fernsehen und Theater tätig. Seit 1979 lebt die Autorin in der Bundesrepublik Deutschland. Sie schrieb zahlreiche Erzählungen, Hörspiele, Theaterstücke und Fernsehspiele. Ihre Bücher sind in mehrere Sprachen übersetzt und vielfach prämiert. Für „Treffpunkt Weltzeituhr" erhielt sie den deutschen Jugendliteraturpreis 1985; der Roman „… und keiner hat mich gefragt!" wurde mit dem Preis der Leseratten des ZDF ausgezeichnet; 1989 bekam sie für ihr Buch „Sternschnuppenzeit" den begehrten Buxtehuder Bullen.

Auszeichnungen:
Preis der Leseratten des ZDF
Deutscher Jugendliteraturpreis 1985
Buxtehuder Bulle 1989

Peter Laux hat in Wuppertal visuelle Kommunikation studiert. Nach dem ebenso erkenntnisreichen wie prägenden Job in einer Werbeagentur hat er sich selbständig gemacht.

Er gestaltet vor allem Plakate, entwirft Zeitschriftentitel, illustriert Bücher und zeichnet Comics und Karikaturen. Seine Aufträge kommen aus den Bereichen Kultur, Politik, Soziales und Ökologie. Er arbeitet unter anderem für Verlage, Fernsehanstalten, Parteien, Verbände, Institute und Zeitschriften. Er lebt und wirkt in Remscheid.

Inhaltsverzeichnis

Drei junge Männer werfen mit Steinen, und Yıldız sagt zu Hause nicht die Wahrheit

Der erste Stein flog vorbei. Der zweite traf sie am Hals. Der dritte Stein schlug eine große Fensterscheibe kaputt. Yıldız rannte, bis sie keine Luft mehr hatte. Wer sind die Männer, die mit Steinen nach mir geworfen haben? dachte sie. Die drei mit den Glatzköpfen? Yıldız sah sich um. Nein, die drei sind in eine andere Richtung gelaufen. Gott sei Dank.

Yıldız faßte sich an den Hals. An ihrer Hand war Blut. Sie preßte ein Papiertaschentuch auf die kleine Wunde. Was wollten die Kerle von mir? dachte sie. Warum haben die gerade mich mit Steinen beworfen? Sehe ich anders aus als andere Mädchen? Sie hatte dunkelbraunes langes Haar und trug Jeans und Turnschuhe wie andere Mädchen. Ich kenne die Glatzköpfe doch gar nicht, dachte sie.

Yıldız versuchte, ruhig zu werden. Wenn sie nach Hause kam, wollte sie nicht gefragt werden, was passiert war. Nicht von ihren Eltern und schon gar nicht von ihrem Bruder Murat. Der sagte sowieso bei jeder Gelegenheit: Bleib unter unseren Leuten. Für die Deutschen bist du nur Ausländerin.

Wußten die drei, daß sie Türkin war? Von wem? Von Markus' Bruder Ben etwa? Sie sprach so gut Deutsch wie jeder andere Deutsche, war in dieser kleinen Stadt geboren, ging aufs Gymnasium, und alle riefen sie nur Yıl. Sie überlegte, was sie zu Hause sagen sollte. Auf keinen Fall durfte ihre Familie wissen, daß man sie mit Steinen beworfen hatte. Ihre Eltern würden sie nie mehr allein aus dem Haus lassen. Und Murat würde mit seinen Freunden tagelang durch die Stadt ziehen und jeden zusammenschlagen, der seinen Kopf kahlgeschoren hatte. Murat dachte immer, er als großer Bruder müsse sie beschützen. Dabei war er erst achtzehn, nur zwei Jahre älter als sie.

Nein, sie würde zu Hause einfach sagen, daß sie beim Volleyballspielen mit Ulrike zusammengestoßen sei und Ulrike sie mit ihren langen Fingernägeln am Hals gekratzt hätte. Ulrike ist ihre beste Freundin. Auf die konnte sie sich verlassen, wenn jemand danach fragte.

„Bist du es, Yılı?" Durch die offene Wohnzimmertür sah Yıldız, daß Besuch da war, ein Freund ihres Vaters mit seiner Frau. Sie sagte: „Hallo! Ich komme gerade vom Sport, will mich nur noch schnell duschen!" In ihrem Zimmer betrachtete sie vor dem Spiegel den kleinen Kratzer am Hals. Es war eigentlich gar nicht schlimm. Yıldız dachte wieder: Die haben bestimmt nicht mich persönlich gemeint. Ich kenne die doch gar nicht. Trotzdem würde sie nicht darüber reden, auch nicht mit Markus, ihrem Freund.
Sie wußte, wie Markus über Skins und Rechtsradikale dachte. Der würde doch glatt ausrasten. Ob die Typen wußten, daß sie oft mit Markus zusammen ist?
Yıldız ging ins Bad und duschte lange. Sie mußte etwas von sich abspülen: Angst, Scham, Hilflosigkeit. Darüber konnte sie nicht einmal mit Ulrike reden. Die würde nur sagen: Solche blöden Typen gibt's überall. Mach dir nichts draus, Yılı.

Yıldız ging ins Wohnzimmer hinunter, um die Gäste zu begrüßen. Der Freund ihres Vaters erzählte gerade vom Urlaub in der Türkei. Sie hatten von dem Geld, das sie in Deutschland gespart hatten, in Anatolien ein Grundstück gekauft. Darauf wollten sie ein Haus bauen. Auch die Eltern von Yıldız wollten das so machen, wenn sie später einmal in die Türkei zurückkehrten.
Yıldız erschrak, als sie die Stimme ihres Vaters hörte: „Hast du keinen Hunger, Töchterchen? Iß doch was!" Serdal Toluk war stolz auf seine Tochter. „Ich habe nicht viel Hunger", sagte sie und nahm nur etwas Obst. Plötzlich sah ihr Vater die Wunde am Hals. „Was ist passiert, Töchterchen?" fragte er. Yıldız wurde nicht einmal rot, als sie ihre Geschichte vom Volleyballspielen erzählte. Ein

Glück, daß sie sich dies vorher ausgedacht hatte.

An diesem Abend ging Yıldız bald in ihr Mansardenzimmer. Sie nahm ein Buch und versuchte zu lesen. Aber sie konnte sich nicht konzentrieren. Dann hörte sie, wie die Eltern die Gäste verabschiedeten. Schnell löschte sie das Licht. Gleich würde Mama hochkommen und fragen, was los gewesen war. Aber sie würde auch ihr nichts sagen.

Leise öffnete Fatma Toluk die Tür. Yıldız rührte sich nicht. Sie atmete auf, als die Mutter wieder aus dem Zimmer ging. Morgen fragte Mama vielleicht nicht mehr.

Yıldız liebte ihre Mutter sehr. Die hatte ihr einmal erzählt, wie schwer der Anfang in Deutschland für die Eltern gewesen war. Fatma Toluk war damals noch sehr jung gewesen, hatte kein Wort Deutsch verstanden und oft Angst vor dem fremden Land. Das Heimweh brannte in ihr wie Feuer.

Murat und Yıldız waren in Deutschland geboren. Beide sprachen die deutsche Sprache besser als die türkische. Und vor allem die Mutter war dafür, ihre Kinder nicht zu isolieren und sie nur mit türkischen Kindern spielen zu lassen. Sie wollte, daß sich ihre Kinder in Deutschland zu Hause fühlen.

Vater dagegen kümmerte sich vor allem ums Geldverdienen. Er hatte einen Laden, wo er Obst, Gemüse, Gewürze und Käse verkaufte. Die Waren holte er mit seinem Lieferwagen jeden Morgen aus der Markthalle. In dem Geschäft kauften nicht nur Türken ein, sondern auch viele Deutsche. Aber vor ein paar Wochen war etwas passiert. Da stand plötzlich auf dem Rolladen des Geschäfts „TÜRKEN RAUS". Das hatte jemand in der Dunkelheit mit einer Spraydose draufgesprüht. Mutter hatte sehr geweint. Murat war die nächsten drei Abende nicht nach Hause gekommen. Er hatte aber nicht herausgefunden, wer es gewesen war. Vater war ruhig geblieben. Er hatte nur gesagt: „Das sind Kriminelle, die gibt's überall." Und dann hatte er alles mit Farbe übermalt.

Ob das etwa auch solche Glatzköpfe gewesen waren wie die drei, die mit Steinen auf sie geworfen hatten? Yıldız zog die Decke über den Kopf und weinte. Sie fühlte sich plötzlich so einsam, hilflos und klein.

Das mit den Steinen und dem Rolladen war nur der Anfang

Yıldız hatte Angst, daß die drei Glatzköpfe plötzlich wieder auftauchen könnten. Natürlich wußte sie, daß in den vergangenen Monaten immer wieder Deutsche gegen Ausländer vorgegangen waren, daß sie sogar ihre Häuser angezündet hatten. Sie hatte die Bilder im Fernsehen gesehen. Aber sie hatte sich nicht besonders dafür interessiert. Uns kann so etwas nicht passieren. Wir leben schon so lange hier. Wir gehören hierher, hatte sie gedacht.

Aber sie wußte auch, daß Murat mit seinen Freunden nachts Plakate an Hauswände klebte und mit ihnen zu Demos fuhr. Murats Freunde waren alle Ausländer, sogar Araber waren unter ihnen. Den Eltern gefiel es gar nicht, daß ihr Sohn bei solchen Aktionen mitmachte. Aber dann schrie Murat zurück: „Wir lassen uns nichts gefallen. Wenn man uns angreift, schlagen wir zurück!"

Neben dem Laden im Erdgeschoß war auch ein kleines Büro. Das war Fatma Toluks Reich. Dort schrieb sie ihre Briefe und Abrechnungen, telefonierte mit der Markthalle oder mit ihren Kunden. Seit kurzem stand sogar ein Computer auf ihrem Schreibtisch. Und weil Fatma anfangs mit dem neuen Gerät nicht zurecht kam, besuchte sie einen Kursus. Das war allein ihre Idee. Mit dem Computer konnte sie alle Informationen sammeln, die für das Geschäft wichtig waren. So half sie ihrem Mann zum Beispiel, preiswert einzukaufen. Serdal Toluk war stolz auf seine Frau, auch wenn er es nicht sagte.

Als Ulrike und Markus nach dem Kratzer an ihrem Hals fragten, hatte sich Yıldız auch für sie etwas ausgedacht:

„Ich bin am Lenkrad hängengeblieben, als ich das Fahrrad in den Keller gebracht habe. Kein Problem."

Wie gut sie schon lügen konnte! Bisher hatte sie noch nie gelogen, aber jetzt schon das zweite Mal wegen dieser Wunde.

Als Yıldız nach Hause kam, sah sie, daß ihre Mutter geweint hatte. „Was ist los?"

„Dein Vater ist verrückt. Er will zur Polizei gehen. Zur Polizei!" Die Mutter konnte sich nicht beruhigen. Sie weinte und schimpfte gleichzeitig. Erst nach und nach verstand Yıldız, warum sie so aufgeregt war. In der Nacht hatte jemand den Lieferwagen mit Hakenkreuzen beschmiert und alle vier Reifen durchgestochen. Dabei parkte der Vater den Wagen schon lange nicht mehr auf der Straße, sondern auf dem kleinen Hof hinter dem Haus.

„Hakenkreuze, Yılı! An unserem Auto! Wer macht so was? Wir haben doch niemandem etwas getan. Und dein Vater will zur Polizei gehen. Die können uns doch nicht helfen, aber wir stehen dann in ihrer Kartei. Wie Verbrecher!"

Yıldız dachte: Das ist kein Zufall mehr. Sie sagte aber, so ruhig wie möglich: „Mama, beruhige dich doch. Sie finden die Täter." Fatma Toluk aber schluchzte weiter: „Das geht bestimmt gegen uns. Was können wir denn dagegen tun? Wir haben doch keine Rechte in diesem Land. Am Ende zünden sie uns noch das Haus über dem Kopf an."

„Dreh jetzt nicht durch", beruhigte Yıldız ihre Mutter.

„Das glaubst du doch selbst nicht."

Auf dem Küchentisch lag die Zeitung mit den lokalen Nachrichten. Yıldız starrte auf die Überschrift: UNBEKANNTE SKINS WARFEN STEINE. Schnell überflog Yıldız die Zeilen: „… drei Jugendliche … vorher schon am Bahnhof randaliert … ein unbekanntes dunkelhaariges Mädchen in der Kaiserstraße …". Die Buchstaben und Sätze verschwammen vor Yıldız' Augen. Sie zitterte und legte die Zeitung auf den Tisch zurück.

„Hier, lies das nur!" Die Mutter tippte mit dem Zeigefinger heftig auf die Zeitung. „Steine auf Menschen! In der Kaiserstraße, zehn Minuten von uns. Und dann das heute nacht! Ich kann nicht mehr. Yılı, ich will weg von hier!"
Langsam begriff Yıldız, was die Mutter damit meinte. Sie wollte zurück, zurück in die Türkei, wo sie geboren worden war und wo ihre Verwandten lebten.
„Mama, das ist doch nicht dein Ernst!" sagte Yıldız leise. „Ich gehe doch hier in die Schule. Ich spreche nicht gut Türkisch. Was soll ich in der Türkei?"
Und sie dachte: Mama darf nie erfahren, was mir passiert ist. Niemals! Und Murat auch nicht. Der ruft seine Freunde zusammen. Und dann fließt Blut.

Yıldız und ihre Mutter wollen auf keinen Fall ein Kopftuch tragen

Wie sollte das jetzt weitergehen? Niemals hatte die Mutter bisher davon gesprochen, daß sie so rasch zurückgehen will. Eher hatte sie gesagt: „Yıldız ist klug. Sie soll mal hier studieren." Ihr Großvater dachte da ganz anders. Sie sah noch sein Gesicht vor sich, als er sagte: „Studieren? Mädchen heiraten, so will es Allah. Und Mehmet wird nicht warten, bis sie fertigstudiert hat." Das war in den Ferien gewesen, und das Haus der Großeltern war voll von Gästen. Mehmet war auch da. Ein netter Junge, genauso alt wie Murat. Über das, was der Großvater gesagt hatte, hatten sie beide nicht gesprochen.

Vielleicht war es auch Onkel Ufuk, der ihrer Mutter Angst gemacht hatte. Er war seit Monaten arbeitslos und wollte mit seiner Familie in die Türkei zurück. Aber Tante Yücel und die Tochter Pinat trugen ja auch ein Kopftuch. Pinat mußte damit sogar in die Schule gehen. Gott sei Dank war ihr Vater nicht so streng. Sie würde auf keinen Fall so ein Ding tragen.

Nach dem Essen sprachen die Eltern wieder über die Sache mit dem Lieferwagen. Vater sagte: „Ich bin bisher mit allen gut ausgekommen, mit Deutschen und mit Türken. Warum passiert plötzlich so etwas?"

Fatma Toluk räumte das Geschirr vom Tisch. „Den Grund kann ich dir sagen, Serdal. Das sind die Rechtsradikalen. S i e machen die Unterschiede zwischen Deutschen und Ausländern. Sie zünden die Häuser von Ausländern an und bringen Menschen um. Sie wollen uns aus dem Haus haben. Ich werde jedenfalls das Kopftuch nicht tragen, das

Yücel mir geschenkt hat. Sollen wir allen zeigen, daß wir Türken sind?"

Yıldız bewunderte ihre Mutter. Sie hat jetzt keine Angst mehr, dachte sie. Der Vater sah plötzlich sehr blaß aus, sein Gesicht wurde ganz grau. Die Mutter schrie: „Serdal!" und öffnete ihm das Hemd. Es war wieder das Herz. Als der Vater später noch einmal in den Laden ging, sagte die Mutter: „Ach, Yılı! Wo bin ich eigentlich zu Hause? Dort oder hier? Manchmal träume ich von meiner Mutter, wie sie mir einen großen Stern am Himmel gezeigt hat. Ich glaube, es war der Abendstern. Und als du auf die Welt gekommen bist, hatte ich großes Heimweh nach meiner Mutter. Da haben wir dich *Yıldız* genannt. *Yıldız* heißt Stern."

Ein paar Tage später fuhr Serdal Toluk mit seinem Schwager in die Heimat. Er meinte: „Ufuk will sich dort nach einer Arbeit umsehen. Er braucht meine Hilfe. Und Großvater geht es auch nicht gut. Außerdem will ich mir ein Grundstück ansehen, für später …" Und dabei lächelte er Fatma zu. Der Laden sollte geöffnet bleiben. Ein Freund des Vaters würde Obst und Gemüse aus der Markthalle mitbringen, und Yıldız sollte der Mutter nach der Schule helfen. „Murat wird mit aufpassen", meinte der Vater. „Was gibt's denn da aufzupassen?" Yıldız war wütend. „Wir werden auch allein damit fertig."

Natürlich war Murat in den Augen des Vaters der Mann im Haus. Sie und die Mutter waren Frauen. Dabei wußte der Vater doch, daß er sich auf seine Frau mehr verlassen konnte als auf Murat.

Yıldız überlegte: Warum will sich Vater auf einmal ein Grundstück ansehen? Sie hoffte sehr, er würde nicht mehr davon reden, wenn er zurückkam. Was wollte er denn überhaupt in der Heimat anfangen? Etwa wieder einen Laden aufmachen? Davon gab es dort mehr als genug. Außerdem: Sie ging noch zur Schule. Und Murat hatte seine Lehre als Automechaniker noch nicht beendet.

Yıldız spürte, daß da noch ein anderer Grund war, weshalb Vater diese plötzliche Reise machte. Wollte er wirklich hier alles aufgeben? Hatte er jetzt auch Angst bekommen wie Mutter? Oder gab es noch andere Probleme in der Familie, von denen sie nichts wußte? Diese Fragen beschäftigten sie so sehr, daß sie beim Unterricht oft unaufmerksam war. „Tut mir leid", sagte sie dann. „Ich habe nicht aufgepaßt."

Ihre Freundinnen fragten sie in der Pause: „Was ist los mit dir?" Yıldız gab darauf nur unklare Antworten, wie so oft in den letzten Tagen. Es hatte keinen Sinn, mit ihnen darüber zu reden. In ihrem Kopf war zu viel Durcheinander.

Yıldız erinnert sich daran, wie sie Ben kennengelernt hat

Auf dem Heimweg waren sie plötzlich wieder da. Yıldız bog gerade in die Kaiserstraße ein, da sah sie die drei Glatzköpfe am Kiosk stehen. Ihre Beine begannen zu zittern. Aber weglaufen konnte sie nicht mehr. Sie versuchte, so ruhig wie nur möglich vorbeizugehen. Aber die drei hatten sie sofort bemerkt. „He! Wen haben wir denn da?" Einer von ihnen war schon älter, neunzehn oder zwanzig vielleicht. Die beiden anderen waren höchstens sechzehn. Alle drei trugen schwere genagelte Schnürstiefel und schwarze Lederjacken. Die Köpfe waren bis auf eine kleine Stelle über der Stirn kahlgeschoren. Der Ältere trug einen großen Ohrring und hatte am Handgelenk eine Tätowierung.

Eine Bierdose knallte vor ihre Füße. Yıldız ging weiter, ohne darauf zu reagieren.

„Die Knoblauchfresser haben immer noch nicht gelernt, daß bei uns Ordnung herrscht. Wollen wir der mal deutsche Manieren beibringen?"

Das ist kein Zufall, dachte Yıldız entsetzt. Das sind die Typen mit den Steinen. Die wollen mich fertigmachen. Mich!

Sie fing an zu rennen. Hinter ihr schrie einer der Glatzköpfe: „Laßt sie laufen, die kriegen wir noch. Keine Panik, Männer!" Yıldız rannte davon, so schnell sie konnte. Warum lassen die mich nicht in Ruhe? dachte sie. Was wollen die von mir? Und dann: Warum sehen die Leute einfach weg und kümmern sich nicht darum, daß die Typen mich belästigen?

Keuchend lief sie allmählich wieder langsamer. Ihr blieb fast das Herz stehen, als plötzlich jemand ihren Arm packte und sie festhielt. „Warum rennst du denn so, Yılı? Ich hab dich ein paarmal gerufen, aber du hast überhaupt nicht reagiert."

Es war Markus, der lachend vom Rad sprang. Yıldız fiel ihm vor Freude um den Hals. Ihre Beine zitterten immer noch. „Sorry, ich hab dich nicht gehört, Mark."

„Was ist denn heute los mit dir?"

Markus legte seinen Arm um ihre Taille. Sie spürte seine Wärme und wünschte sich plötzlich, mit ihm allein zu sein und ihm alles erzählen zu können. Aber sie hatte Angst, im nächsten Augenblick könnten die Glatzköpfe auftauchen und sie wieder belästigen. „Komm weg hier!" sagte sie zu Markus. Sie konnte ihre Angst immer noch nicht loswerden. Sah man ihr an, daß sie Ausländerin war, Türkin?

„Das ist heute nicht dein Tag, was?" Markus dachte sicher an die Mathestunde, in der sie total versagt hatte. „Hast du Probleme?" „Nicht wegen der Schule", antwortete sie. „Zu Hause. Sie haben meinem Vater die Reifen vom Lieferwagen durchstochen und auf den Rolladen geschmiert: TÜRKEN RAUS. Meine Mutter hat Angst, und mein Vater wird immer schweigsamer."

„Diese verdammten Faschos!" Markus krallte seine Hand um den Lenker des Fahrrades. „Die werden immer brutaler. Aber das geht nicht gegen euch persönlich, Yılı. Bestimmt nicht. Komm, ich bring dich nach Hause." Yıldız schob seinen Arm beiseite. Er versteht mich auch nicht, dachte sie. Er will mich einfach beruhigen.

„Mir passiert schon nichts", sagte sie. „Außerdem hast du heute Judo."

Markus brachte sie wenigstens noch bis zur Kreuzung. „Na gut. Tschüs, Yılı. Aber ruf mich an, wenn was ist." Sie sah ihm hinterher, als er sich mit seinem Fahrrad zwischen den Autofahrern nach vorn schlängelte.

Und plötzlich erinnert sie sich daran, wie Markus sie das erste Mal mit zu sich nach Hause genommen hat. Sie glaubten, allein in der Wohnung zu sein. Gerade als Markus sie im Arm hält und küssen will, steht plötzlich sein Bruder Ben vor ihnen. Erstaunt stellt Yıldız fest, wie verschieden die beiden Brüder sind. Ben verhält sich sehr selbstbewußt und ist korrekt mit Anzug und Krawatte gekleidet. Sein Haar ist sorgfältig frisiert. Markus ist das ganze Gegenteil: Jeans, Turnschuhe, blonder Wuschelkopf.

„Wen haben wir denn da? Ist das etwa die Freundin meines kleinen Brüderchens?" fragt Ben spöttisch.

„Ja. Aber hau jetzt ab!" Markus reagiert kalt und abweisend. „He, nicht so schnell, Kleiner. Ich muß doch wissen, mit wem du dich rumtreibst!"

Markus versucht, Ben aus dem Zimmer zu drängen, aber der schiebt ihn einfach beiseite. Dann mustert er Yıldız von oben bis unten. „Ganz koscher siehst du aber nicht aus, Mädchen", sagt er. Yıldız versteht nicht, was er damit meint. Da nimmt er einfach ihre Hand und zieht sie hinter sich her. „Komm, ich werde dir mal was zeigen, damit Klarheit in dein hübsches Köpfchen kommt."

Markus versucht vergeblich, Yıldız festzuhalten. Ben stellt Yıldız vor eine Tür im Flur. „Mach die Augen zu!" befiehlt er. Dann öffnet er die Tür und schiebt sie ins Zimmer. „Jetzt – mach die Augen wieder auf!"

Das erste, was sie sieht, ist ein großes Metallbett. Die Decke und das Kopfkissen liegen so glatt, daß nirgends eine Falte ist. Über dem Bett hängt ein Bücherregal. Die Bücher sind der Größe nach geordnet. Darunter sind an der Wand drei Bilder, ein Dolch und mehrere Orden angebracht. Und plötzlich sieht Yıldız neben dem Schrank die Fahne. Eine große seidene Fahne mit dem Hakenkreuz. Ihr Blick irrt zurück. Mit einem Mal erkennt sie auf dem einen der Bilder den Kopf: Schnauzbart, Haare in die Stirn – das ist Hitler! Ben drückt auf eine Taste seines Recorders. Laute Musik dröhnt aus den Boxen: „... Juden in die Lager, Türken in den Wald, Russen an die Wände, macht sie alle kalt ..."

Da wird es Yıldız schwarz vor den Augen. In ihrem Kopf dreht sich alles.

„Komm raus hier!" sagt Markus mit heiserer Stimme. Hinter ihr lacht Ben laut los.

Markus schiebt sie in sein Zimmer und drückt sie in einen Sessel. Nebenan geht der Recorder aus. Eine Tür knallt ins Schloß. Dann wird der Schlüssel zweimal umgedreht und abgezogen.

Erschrocken fährt Yıldız hoch, als Ben plötzlich wieder in der Tür steht. Sie sieht sein verzerrtes Lächeln, seine kalten Augen. „So, ihr beiden – ich hoffe, ihr habt meine kleine Lektion kapiert. Und für die Zukunft wünsche ich, daß diese Wohnung türkenfrei bleibt. Verstanden?"

Sekunden später ist der Spuk vorbei. Yıldız preßt die Hände vors Gesicht und weint laut. Markus drückt seinen Kopf an ihre Schulter und stammelt: „Entschuldige, Yılı, bitte, das habe ich nicht gewollt. Ich hasse ihn, dafür bringe ich ihn um. Ich schwöre es dir, Yılı ..."

Das alles hatte ich schon wieder vergessen, dachte Yıldız, als sie zu Hause ankam. Ich wollte es wohl verdrängen, weil ich gemerkt habe, wie klein und hilflos Markus in seiner Wut war.

Skins überfallen den Laden, und Murat schwört Rache

Mutter hatte Kundschaft im Laden. Sie sprach mit zwei Frauen türkisch. Sie redeten über Alltagsprobleme, Kochen, Kleidung, Arbeit. Yıldız verstand nicht alles, aber es interessierte sie auch nicht besonders. Sie stellte ihre Schulsachen im Büro ab und hörte, wie sich die Frauen verabschiedeten. Sie wollte gerade ihre Hefte und Bücher auspacken, da hörte sie, wie eine Obstkiste auf den Boden knallte. Sie erkannte die Stimmen sofort.

„Wie sieht's denn hier aus? Müßte mal aufgeräumt werden, meint ihr nicht?" Wieder polterten Kisten. Yıldız rannte in den Laden. Es waren die Skins. Einer kickte mit dem Stiefel Tomaten gegen die Regale. Der zweite warf Dosen in die Luft und lachte jedesmal, wenn sie laut auf den Boden aufschlugen. Der dritte Skin biß in einen Apfel, spuckte das abgebissene Stück auf den Boden und warf den Apfel an die Wand. „Türkenäpfel kannste einfach nicht essen!" Die drei warfen Obst und Lebensmittel auf den Boden und amüsierten sich darüber, wie Fatma Toluk vor Schreck keinen Ton herausbrachte. Yıldız schrie: „Hört auf! Aufhören!"

Erst jetzt wurden die Skins auf sie aufmerksam. „Wen haben wir denn da?" lachte der größte von den dreien. Er zog sie brutal an sich heran. Yıldız wehrte sich und schlug mit den Fäusten auf ihn ein. Er stieß sie weg in Richtung des zweiten, der gab ihr einen Stoß, und sie taumelte dem dritten in die Arme. Der griff ihr brutal in die Haare und zog sie im Kreis herum. Yıldız schrie vor Schmerz laut auf. Die drei lachten schallend. Sie konnte den Kopf drehen,

hatte plötzlich das Handgelenk des Jungen vor sich und biß zu. Sofort ließ er ihr Haar los. Yıldız rannte hinter die Ladentheke. „Mama, ich rufe die Polizei!"
Einer sprang auf den Ladentisch: „Hiergeblieben!"
„Spinnst du? Wir hauen ab!" rief der Große. „Los, los! Weg hier!" Plötzlich war es still. Yıldız rannte zur Tür und

25

schloß den Laden ab. Wortlos stellte sie die Kisten wieder an ihren Platz und sammelte das Obst, das ganz geblieben war, wieder in die Kisten. Die zerplatzten Tomaten und Früchte warf sie in einen Eimer. Ihre Mutter stand mit blassem Gesicht dabei. Sie war nicht imstande, etwas zu tun.

„Ich habe Angst, Yılı", flüsterte sie. „Angst, Angst, Angst. Was sollen wir tun?" Fatma Toluk setzte sich auf die Treppenstufen. Ein Hustenanfall nahm ihr fast die Luft.

„Mama, ich weiß es nicht." Yıldız hatte jetzt vor allem Angst um die Mutter. Sie rannte schnell nach dem Asthmaspray, das ihrer Mutter das Atmen erleichtern sollte. Fatma Toluk legte die Hand um ihren Hals und keuchte. „Warum? Warum?"

Yıldız legte ihren Arm um die Mutter. „Sie sind weg, Mama. Komm, sei wieder ruhig. Ich bringe dich nach oben, und du ruhst dich aus."

Als Fatma auf ihrem Bett lag, ließ der Anfall allmählich nach. Sie war aber total erschöpft. „Was wird Vater sagen? Und Murat?"

Yıldız war froh, daß es ihrer Mutter etwas besser ging. „Vater ist nicht da, und Murat muß nicht erfahren, was passiert ist", sagte sie. „Du bleibst jetzt hier liegen, und ich bringe den Laden wieder in Ordnung. Reg dich nicht so auf, Mama. Das waren nur ein paar verrückte Chaoten."

Fatma Toluk drehte den Kopf zur Seite. Yıldız sah, daß sie weinte. Sie ging aus dem Schlafzimmer ihrer Eltern, weil sie nicht wußte, wie sie ihre Mutter trösten sollte. Natürlich meinen die uns, dachte sie. Aber sollte sie das der Mutter sagen und sie noch mehr ängstigen?

Sie hatte beim Aufräumen des Ladens nicht auf die Zeit geachtet. Jetzt erschrak sie, als es laut an die Schaufensterscheibe klopfte. Murat stand draußen. Sie öffnete ihm.

„Warum habt ihr denn den Laden zugemacht?" fragte er. Da fiel sein Blick auf die zerbrochene Vitrinenscheibe und die Eimer mit dem Obst und Gemüse. „Was ist hier passiert?" schrie er. „Wer war das?"

Bevor Yıldız etwas sagen konnte, kam ihre Mutter in den Laden. Sie hatte verweinte Augen und rote Flecken im Gesicht. „Nichts ist, Murat", sagte sie schnell. „Gar nichts."

Murat kniff die Augen zusammen. „Ich will wissen, was passiert ist. Ich will die Wahrheit!"

Die Mutter sank auf die Stufen zum Büro und schlug die Hände vors Gesicht. Yıldız stand zwischen dem Bruder und der Mutter und wußte nicht weiter. Und Murat wurde immer wütender, immer lauter. Er packte seine Schwester an den Schultern. „Red schon, Yıl!" Yıldız schüttelte ihn von sich ab und schrie zurück: „Guck dich doch um, dann weißt du, was los war!"

Murats Gesicht wurde zornrot. „Die Skins! Es waren die Skins, stimmt's?" Yıldız nickte. „Soll ich die Polizei rufen?" fragte sie hilflos. „Die Polizei?" Murat lachte höhnisch. „Das regle ich anders!" Er lief aufgeregt im Geschäft hin und her. „Hast du sie erkannt?" Erst jetzt fiel Yıldız ein, was sie so erschreckt hatte. Die Kerle hatten Brillen auf. Große dunkle Brillen. Sie hatte ihnen nicht in die Augen sehen können.

„Was für Brillen?" drängte Murat.

„Ich weiß es nicht mehr. Es ging alles so schnell. Ich kann mich nicht mehr an ihre Gesichter erinnern."

„Na gut", stieß Murat zwischen den Zähnen hervor. „Ich weiß schon, wo ich suchen muß. Diese Schweine, die werden was erleben!" Plötzlich stand die Mutter auf. „Nein! Du bist so voller Haß, Murat. Wer weiß, was dann noch alles passiert."

Auch Yıldız versuchte, ihren Bruder zurückzuhalten. Sie kannte seine Reaktionen, und sie wußte auch, wie aggressiv seine Freunde sein konnten. „Laß das sein, Murat", sagte sie. „Ihr wißt ja gar nicht, ob ihr die Richtigen erwischt."

Murat sagte verächtlich: „Typisch Weiber! Hier geht's um

mehr, auch um unsere Ehre als Türken. Wir finden die Glatzen. Da kannst du sicher sein, Yıl."

Später lag Yıldız lange im Dunkeln und wartete auf Murat. Es war weit nach Mitternacht, als sie endlich seine Schritte auf der Treppe hörte. Sie stand auf und ging leise in sein Zimmer. „Was war?" fragte sie. „Erzähle!"

Murat drehte ihr den Rücken zu. „Was soll gewesen sein? Sie werden es nicht noch mal probieren."

„Wo habt ihr sie getroffen? Hat es eine Schlägerei gegeben? War die Polizei da?"

„Du fragst zuviel, Yıl."

„Du weißt also nicht mal, ob es die Richtigen waren?"

„Es waren Skins, Glatzen! Jetzt haben wir klare Verhältnisse. Türke ist Türke – und Glatze ist Glatze. So ist das. Und jetzt hau endlich ab."

Die Skins sind wieder da, und Yıldız hat Angst um ihr Leben

Yıldız ging wie immer mit Ulrike und Anna zum Schwimmen, traf sich mit Markus in der Eisdiele, bummelte durchs Warenhaus. Sie hatte immer noch Angst, aber die drei Skins waren verschwunden. Yıldız war froh darüber. Sie dachte, vielleicht war es doch richtig von Murat, ihnen zu zeigen, daß wir nicht wehrlos sind. In einer Woche war ihr Vater wieder zu Hause. Da würden sie es wohl nicht riskieren, noch einmal in den Laden zu kommen. Mit Frauen machen sie das schon eher, diese Feiglinge.

Yıldız fuhr mit dem Rad den Weg am Fluß entlang. Sie war bei Ulrike in Lindholz gewesen, keine zehn Minuten mit dem Rad, wenn man die Abkürzung nahm. Es war ein schöner Weg, an den Feldern entlang und dann durch das Wäldchen. Bilder, die Yıldız seit ihrer Kindheit kannte: die Stelle, wo die Schiffe anlegten, der Campingplatz, der Dom, der etwas höher stand und von weit her zu sehen war. Es waren schöne und vertraute Bilder.

Als sie die Straße wieder erreicht, fährt hinter ihr langsam ein Golf. Sie steuert an den rechten Fahrbahnrand, um das Auto vorbei zu lassen, aber der Wagen folgt ihr mit der gleichen Geschwindigkeit wie vorher. Yıldız kann den Grund nicht erkennen, denn wenn sie sich umdreht, scheint ihr die Sonne ins Gesicht. Aber es ist nicht möglich, umzukehren oder nach links oder rechts auszuweichen. Aus dem Fenster hört sie laute Musik. Als der Fahrer wieder laut hupt, tippt sie sich mit dem Finger an die Stirn. „Blöde Typen!"

Da überholt das Auto rasch, bremst scharf und stellt sich quer vor Yıldız. Sie muß auch bremsen und fällt vom Rad. Bevor sie aufstehen kann, springen vier maskierte Gestalten aus dem Auto. Yıldız hat sich am Fuß verletzt und schreit laut auf. Einer der Maskierten reißt ihr die Hände auf den Rücken und zieht sie nach oben. Ein zweiter klebt ihr den Mund zu, dann fesselt er auch ihre Hände mit Klebestreifen. Die Männer halten Yıldız fest und schieben sie ins Auto. Schnell fahren sie davon.

Als sie in die Hauptstraße einbiegen, zieht ihr einer der Maskierten eine Wollmütze über den Kopf. Sie bekommt kaum Luft. Als sie sich zu befreien versucht, wird ihr der Kopf nach unten gedrückt. Die Hand auf ihrem Nacken läßt sie nicht los.

Was wollen die von mir, denkt Yıldız entsetzt. Wohin bringen die mich?

Immer noch sprechen die Männer kein Wort. Dafür kommt laute Musik aus den Lautsprechern. „… Juden in die Lager, Türken in den Wald …" Diese Musik hat sie schon einmal gehört. Bei Ben. Sie hat keine Ahnung, wohin sie fahren. Dann wird das Auto langsamer, und der Mann neben ihr zieht sie am Haar hoch. Das Auto hält an. Einer reißt ihr die Mütze vom Kopf und stößt sie aus dem roten Golf. Yıldız sieht, daß man sie in einen Wald gefahren hat. Aber wo ist das? Und was wollen die Kerle von ihr? Sie wird tiefer in den Wald geschoben. Endlich bleiben sie stehen. Bisher hat noch keiner der vier gesprochen. Jetzt zeigt einer auf Yıldız, ein anderer fesselt sie mit Klebestreifen an einen Baum. Yıldız will schreien, aber durch den Klebestreifen auf dem Mund sind die Worte nicht zu verstehen. Einer der Männer, wohl der Anführer, hat eine Pistole in der Hand. Hinter der schwarzen Strumpfmaske sieht Yıldız nur die Augen. Kurz und militärisch befiehlt er: „Fester binden!"

Die Arme werden ihr noch weiter nach hinten gezogen, das Klebeband noch straffer gezogen. Sie kann nur noch

den Kopf bewegen. Der Anführer sagt kurz und scharf:
„Und, Männer? Was machen wir jetzt mit diesem türkischen Dreck?"

Der Kleinste zieht plötzlich ein Messer. Er tritt dicht vor Yıldız und schneidet ihr das T-Shirt, die Jeanshose und die Unterwäsche vom Hals bis zum Schritt auf. Yıldız steht halbnackt da. „Bumsen wir sie erst mal!" schlägt der mit dem Messer vor. Er steckt das Messer weg und beginnt, seine Hose aufzuknöpfen. Yıldız schließt die Augen. Ihr Herz schlägt wie verrückt. Keuchend ringt sie nach Luft.

„Halt!" sagt der Anführer im Kommandoton. „Wir sind Deutsche! Die ist Türkin!"

Er tritt nun selbst dicht an Yıldız heran und schiebt mit der Pistole die Kleidung noch weiter beiseite. Yıldız spürt das kalte Metall auf ihrer Haut. Macht doch Schluß, will sie schreien. Tötet mich schnell. Quält mich nicht so. Aber ihr Mund ist durch den Klebestreifen verschlossen.

Einer spuckt auf ihren nackten Leib, die drei anderen machen es ihm nach. „Die denkt vielleicht, ein echter Deutscher tut so was mit einer dreckigen Türkin!"

Vor Angst versteht Yıldız kaum, was die Maskierten sagen. Der Anführer berührt mit seiner Pistole ihre Stirn. „Wer ist dafür?" „Geht zu schnell", sagt einer.

Die Pistole fährt langsam über das Gesicht bis zur Brust. „Brust?"

Yıldız spürt, wie die Pistole über ihre Haut nach unten fährt. „Bauch oder noch weiter unten …?"

„Schießt doch endlich! Schießt doch!" will Yıldız mit aller Kraft schreien, aber man kann fast nichts verstehen.

„Nein, Kopf!" sagt der Anführer. Er hält Yıldız die Pistole an den Kopf. Die anderen zählen: „Neun, acht, sieben, sechs, fünf, vier, drei, zwei, eins …"

Yıldız hört fast zu atmen auf. Sie schließt die Augen. Neben ihrem Kopf knackt die Pistole. Aber es kommt kein Schuß.

Die Maskierten schreien etwas. Da öffnet Yıldız wieder die Augen. Der Anführer steckt die Waffe weg. „Jede Kugel zu schade. Mach's mit dem Messer."

Einer der Kerle kommt dicht an Yıldız heran. Nun spürt

sie die Spitze eines Messers auf ihrer Haut. Das Messer fährt vom Bauch aufwärts über die Brust, den Hals und über das Gesicht. „Aus Türkenhaut kann man prima Sachen machen."

Der Anführer hebt die Hand, und die anderen sind sofort ruhig. „Mach's kurz. So wie früher!" kommandiert er. Dann drückt er ihren Kopf nach unten. Blitzschnell fährt das scharfe Messer durch das Haar. Einmal, zweimal, dreimal. Die langen Haare sind abgeschnitten.

Yıldız sieht und hört die vier nur noch wie durch einen Nebel. Dann verliert sie das Bewußtsein …

Als sie wieder zu sich kam, war es fast dunkel. Sie konnte nicht klar denken. Nur mit Mühe konnte sie sich die Hände freimachen. Das tat weh. Dann riß sie den Klebestreifen vom Mund. Auch das schmerzte. Sie spürte, wie das Blut von ihren Lippen floß. Endlich hatte sie auch ihre Füße von den Klebestreifen befreit. Aber sie konnte nicht sofort aufstehen. Ihr Fuß tat noch immer weh. Sie versuchte auch, ihre Kleidung etwas in Ordnung zu bringen. Inzwischen war es dunkel geworden. Yıldız wußte nicht, wo sie war. Hoffentlich finde ich bald eine Straße, dachte sie und tastete sich an den Bäumen entlang. Und dann: Mama wird sich Sorgen machen, weil ich nicht nach Hause gekommen bin.

Endlich erreichte sie eine Straße. Doch wenn ein Auto kam, sprang sie zwischen die Bäume. Yıldız wußte nicht, ob es Scham war oder Angst. Sie zitterte am ganzen Körper.

Nach einiger Zeit sah sie die Lichter eines Dorfes. Kurz hinter dem Schild, auf dem der Name des Ortes stand, war eine Telefonzelle. In ihrer Hosentasche fand sie ein Markstück. „Mama, hol' mich ab." Vor der Telefonzelle setzte sie sich auf den Boden. Sie konnte nicht mehr weitergehen.

Fatma Toluk macht sich Vorwürfe, und Yıldız trägt das Haar jetzt ganz kurz

Fatma Toluk fuhr wie eine Verrückte. Ihre Gedanken kreisten immer nur um die eine Frage: Was ist mit meinem Kind geschehen? Yıldız hatte am Telefon nur den Namen des Dorfes gesagt, von wo aus sie angerufen hatte. Habe ich in der Aufregung auch alles richtig verstanden? dachte Fatma verwirrt. Wenn ich nicht richtig gehört habe und Yıldız wartet ganz woanders! Sie ahnte, daß Schreckliches geschehen war. Sie raste in das Dorf und bremste an der beleuchteten Telefonzelle. Allah sei Dank! dachte sie, als sie Yıldız vor der Zelle auf dem Boden sitzen sah.

Yıldız stand auf und sank ihrer Mutter in die Arme. Fatma drückte ihre Tochter an sich, strich ihr über das Haar und wurde starr vor Schreck. Das lange Haar war abgeschnitten.

Nach einer halben Stunde waren sie zu Hause. Yıldız hatte nur geweint, aber nichts gesprochen.

Fatma Toluk brachte ihre Tochter ins Bad und zog ihr die Sachen aus. Yıldız zitterte immer noch.

Als sie mit geschlossenen Augen in der Badewanne lag, fragte Fatma: „Was hat man mit dir gemacht, Yılı? Hat man – dich vergewaltigt?"

Yıldız schüttelte nur den Kopf.

Wieder und wieder fragte die Mutter: „Yılı, was haben sie mit dir gemacht? Wer war es? Bist du vergewaltigt worden?"

„Sie hatten Masken", stammelte Yıldız schließlich. „Nicht vergewaltigt. Aber es war schrecklich. Ich dachte – sie wollten mich töten …"

Fatma wusch ihre Tochter und wickelte sie wie ein Kind in ein großes Badetuch. „Komm, ich bringe dich zu Bett." Yıldız konnte sich nicht beruhigen. Immer noch rannen ihr die Tränen über das Gesicht. Langsam und unterbrochen vom Weinen erfuhr Fatma Toluk, was geschehen war. Sie gab Yıldız eine Schlaftablette und wartete, bis sie eingeschlafen war.

Als Yıldız endlich schlief, brach Fatmas Verzweiflung hervor. Sie ging in ihr Schlafzimmer und warf sich auf's Bett. Mit den Fäusten trommelte sie auf die Matratze. „Was sind das für Menschen! Was haben wir ihnen getan? Ich will raus hier, weg aus diesem Land. Weg, weg, weg! Ich hasse sie!"

Als sie ruhiger wurde, begann sie zu überlegen. Was sollen wir jetzt tun? Die Polizei …? Nein, sie würden Yıldız nur ausfragen und von einer Stelle zur anderen schleppen. Aber glauben würde man ihr nichts, weil sie es nicht beweisen kann. „Keine Polizei!" hatte auch Yıldız unter Tränen gesagt. Aber sollten die Kerle einfach so weiterleben wie bisher, ohne eine Strafe zu bekommen? „Ich hasse sie alle!" Fatma schrie es in ihr Kopfkissen. „Ich hasse sie! Sie wollten Yıldız töten. Warum?"

Zum Glück blieb Murat über Nacht bei seinen Freunden. Das war ihr eigentlich gar nicht recht, besonders nach der Geschichte im Laden. Aber heute war sie froh, daß Murat nicht zu Hause schlief. Er durfte auf keinen Fall erfahren, was geschehen war. Ich bin feige, dachte sie. Will ich vielleicht nur alles verschweigen, damit Serdal mir keine Vorwürfe macht? Er würde sagen: Fatma, du hast nicht auf unsere Tochter aufgepaßt. Sie ist entehrt worden. Ich werde die Kerle niederschießen …

Nein, Serdal und Murat durften nichts davon erfahren. Es gab keinen anderen Ausweg, als zu schweigen. Warum sind wir nicht tot, meine Yılı und ich? Dann könnten Serdal und Murat in die Heimat zurück. Keiner würde von der Schande erfahren. Ein Unglücksfall – mit dem Auto …

Fatma kam sich so klein vor, so hilflos. Sie dachte: Wie ertragen andere Menschen solches Unglück? Schweigen die auch? Halten sie auch still und wehren sich nicht? Warum habe ich denen, die in den Laden gekommen sind, nicht einfach etwas an den Kopf geworfen? Warum habe ich nicht die Polizei gerufen?

Fatma schämte sich wegen ihrer Angst. Aber sie wußte: Ich werde auch diesmal feige sein. Morgen werde ich Yıldız in der Schule als krank entschuldigen. Das ist nicht mal eine Lüge.

O Allah! Was bin ich doch für eine schlechte Mutter.

Yıldız stand am nächsten Morgen bleich in der Küche. Aber sie wollte unbedingt, daß ihre Mutter an diesem Tag den Laden genauso pünktlich öffnete wie an allen Tagen.

„Mama, ich habe es mir genau überlegt. Niemand darf davon erfahren. Nicht mal Tante Yücel. Hörst du, niemand!" Dabei betonte sie jedes einzelne Wort. Fatma Toluk nickte nur. Dann sagte sie: „Dein Haar, Yılı. Wir müssen es ..."

Yıldız faßte mit den Händen an ihren Kopf. „Ich weiß, Mama. Es sieht schlimm aus. Vater wird entsetzt sein. Was sagen wir ihm?" Fatma Toluk ging ins Bad. Als sie zurückkam, hatte sie ein Handtuch und eine Schere in der Hand. „Setz dich auf den Hocker, Yılı. Wir müssen daraus wenigstens eine Frisur machen."

Sie legte Yıldız das Handtuch über die Schultern und begann, das Haar zu schneiden. Dabei liefen ihr immer wieder die Tränen über das Gesicht. Sie wußte, wie stolz ihr Mann auf das lange kastanienbraune Haar seiner Tochter war. Wie erkläre ich ihm das nur, dachte sie verzweifelt.

„Ich werde Vater sagen, daß ich dein Haar färben wollte, damit es schön glänzt", sagte sie zu Yıldız. „Und das hat nicht geklappt. So etwas gibt es doch, oder?"

Yıldız nickte. „Ja. So können wir es ihm vielleicht erklären." „Wir müssen es versuchen." Fatma Toluk nahm

Yıldız das Handtuch von den Schultern. Dann bückte sie sich und sammelte die abgeschnittenen Haare vom Boden auf. „Sieht gar nicht so schlecht aus", sagte sie schließlich. „Schau mal in den Spiegel, Yılı." Yıldız betrachtete sich im Spiegel. Sie war sich selbst ganz fremd. „Und was sagen wir Murat?"

„Dasselbe. Was sonst?" Fatma Toluk streichelte Yıldız über das kurze Haar. „Es wächst bestimmt schnell wieder."

Yıldız schloß die Augen. Sie wollte allein sein. Nachdenken können. „Geh, Mama. Es ist Zeit, daß du den Laden aufmachst. Es soll alles so sein wie sonst. Bitte, Mama."

Wenn Yıldız die Augen schloß, sah sie die schwarz maskierten Kerle vor sich. Auch die Musik aus dem Auto dröhnte noch in ihren Ohren. Das habe ich schon gehört, dachte sie immer wieder. Als ich bei Markus war und Ben dazugekommen ist. Der hatte so eine Kassette in seinem Recorder.

Markus! Was war, wenn er davon erfuhr? Wenn er durch Ben erfuhr, was die Kerle mit ihr gemacht hatten!

Yıldız ging ins Badezimmer und stellte sich vor den Spiegel. Ein fremdes, trauriges Gesicht schaute ihr entgegen. Das bin ich also, dachte sie. So sieht Yıldız, der Stern, aus.

Yıldız weiß nicht mehr, wo sie eigentlich zu Hause ist

Irgendwann erwachte Yıldız aus einem unruhigen Schlaf. Vielleicht hatte ihre Mutter doch recht, wenn sie in die Türkei zurückwollte. Dort würde sie zwar eine Fremde sein – so wie hier –, aber niemand würde sie dafür hassen. Sie hatte Angst hierzubleiben, aber sie hatte die gleiche Angst wegzugehen. Ich bin nirgendwo mehr zu Hause, dachte sie.

Wenn ich doch tot wäre, wünschte sich Yıldız. Dann würden sie um mich trauern und mich in einem schönen Sarg in die Türkei bringen lassen. Zu meinem Begräbnis würde auch Mehmet kommen, mit dem die Verwandten mich verheiraten wollen. Er wird nicht sehen, daß ich mein langes Haar nicht mehr habe.

Markus würde sicher nicht dabei sein. Einmal habe ich ihm davon erzählt, was mein Name bedeutet und warum meine Eltern ihn mir gegeben haben. Er hat mein Haar zwischen seinen Fingern gehalten und gesagt: „Ich kann mir gut vorstellen, daß darin ein Stern glänzt." Dann hat er mich geküßt. Das war wunderschön.

Der Gedanke, nicht mehr weiterzuleben, beschäftigte sie lange. Aber immer wieder schob sich die Frage dazwischen: Warum hassen sie uns so? Vielleicht habe ich es bisher nur nicht gespürt, und die anderen Deutschen denken auch so. Vielleicht haben sie Angst um ihre Arbeit, wollen uns los sein, weil sie denken, wir nehmen ihnen was weg. Hat Mama recht, wenn sie zurück will? Aber was erwartet uns denn dort? Ich bin doch hier geboren, denke deutsch. Was soll dann aus mir werden?

Am späten Nachmittag hörte Yıldız unten einen lauten Streit. Erschrocken sprang sie auf und rannte zur Tür. Da erkannte sie die Stimmen von Murat und Markus.

„Verschwinde, ich will dich hier nie wieder sehen!" schrie Murat. „Und warum?" schrie Markus zurück.

„Frag doch deinen Bruder, frag ihn nach dem beschmierten Rolladen, den durchstochenen Reifen und der Sache im Laden!"

Markus versuchte, sich zu verteidigen. „Was kann ich für Ben? Ich bin nicht dafür verantwortlich. Ich will nur wissen, was mit Yıl ist. Sie war nicht in der Schule."

„Laß die Finger von meiner Schwester …"

Yıldız zog schnell ihren Jogginganzug an. „Hört auf zu streiten!" rief sie den beiden zu, als sie in den Laden kam. „Was kann Markus dafür, wenn sein Bruder Neonazi ist?"

„Wenn er nichts dagegen tut …" schrie Murat jetzt Yıldız an. Aber mitten im Satz stockte er und starrte seine Schwester an. „Wie siehst du denn aus?"

„Wie immer", antwortete Yıldız und versuchte zu lächeln. Ihr Bruder kam auf sie zu und zeigte auf ihren Kopf. „Was soll das?" „Ach, die Haare meinst du?" sagte sie. „Gefällt dir die Frisur?" Murat schüttelte nur den Kopf. „Bist du verrückt geworden? Die schönen langen Haare …"

„Na und? Jetzt sind sie kurz. Außerdem wachsen sie wieder. Aber laß Markus in Ruhe. Er ist mein Freund."

Markus ging ein paar Schritte auf Murat zu. „Murat, ich mag deine Schwester. Und das mit Ben – ich habe keinen Kontakt mehr zu ihm. Ich verstehe auch nicht, was er …"

Weiter kam er nicht. Murat unterbrach ihn. „Darüber reden wir noch unter vier Augen, verstanden?" Dann stürmte er die Treppe hoch.

„Komm mit zu mir rauf." Yıldız zog Markus einfach hinter sich her. Aber Markus blieb mitten auf der Treppe stehen. „Ich wollte nur nach dir schauen. Jetzt gehe ich besser. Aber ich komme wieder. Und deine neue Frisur gefällt mir übrigens auch."

Als Markus aus dem Laden war, kam Murat wieder herunter. Yıldız fauchte ihn wütend an: „Meine Angelegenheiten gehen dich gar nichts an, hörst du!"
Fatma Toluk kam gerade vom Einkaufen zurück. Sie hatte die letzten Worte zwischen Murat und Yıldız noch gehört und gesehen, wie Murat danach wütend in den

Hof hinaus lief. „Hat es Streit gegeben zwischen Murat und dir?"

„Auch", sagte Yıldız. „Aber besonders zwischen Murat und Markus. Deswegen bin ich ja überhaupt runtergegangen. Die hätten sich beinahe geprügelt. Wenn Murat erfährt, was wirklich passiert ist, gibt's eine Katastrophe. Er darf es nie erfahren, Mama. Versprich mir das. Bitte."

Fatma Toluk nickte nur. Sie dachte: „Diese Schande! Niemand darf das erfahren."

Nach drei Tagen stand Yıldız auf. Sie wußte, Vater würde bald aus der Türkei zurückkommen. Mutter hatte ihn am Telefon beruhigt: „Laß dir Zeit. Im Laden läuft alles bestens. So eine weite Reise macht man nicht für ein paar Tage."

Mutter hatte türkisch gesprochen. Aber Yıldız verstand, daß ihr Vater irgendwelche Probleme hatte.

Yıldız und ihre Mutter hatten in Ruhe über alles gesprochen und gemeinsam einen Ausweg gesucht. Aber sie hatten keinen anderen gefunden, als zu schweigen.

Wenn Ulrike und Anna anriefen, um sich zu erkundigen, wie es ihr ginge, sagte Yıldız: „Mir geht es schon viel besser. Ich bin bald wieder in der Schule." Besucht werden wollte sie nicht. Bei Markus hatte sie mit ihren Ausreden keinen Erfolg. Sie saß in der Küche, als er eines Nachmittags vor ihr stand. „Ich habe versucht, deinen Bruder zu erreichen. Ich wollte mit ihm reden." Yıldız schüttelte den Kopf. „Das hat keinen Sinn. Momentan kann nicht mal ich mit ihm reden."

Er fragte sie, warum sie sich die Haare hatte schneiden lassen. Sie lehnte ihren Kopf an seine Schulter und erzählte wieder die Geschichte, die sie mit der Mutter verabredet hatte. Sie war froh, daß sie ihm dabei nicht in die Augen schauen mußte.

Nach einer Pause sagte sie: „Tut mir leid, das mit Murat. Sei nicht böse auf ihn. Der hat doch nur Angst um mich. Aber ich habe ihm gesagt, daß du nicht wie Ben bist."

Markus nickte. „Verstehen kann ich ihn ja. Aber er muß auch unterscheiden. Er darf nicht denken, daß alle gleich sind."

Als er ging, fuhr er Yıldız schnell über das kurze Haar. „Laß es wieder wachsen, Yılı. Langes Haar steht dir wirklich besser." Wenn das so einfach wäre, dachte Yıldız. Es ist alles viel schlimmer, als du dir vorstellen kannst.

Serdal Toluk ist wieder zurück und berichtet von Problemen mit seiner Familie

Serdal Toluk war wieder zu Hause. Für Fatma hatte er einen kostbaren Teppich aus seinem Heimatort Amasya mitgebracht. „Yıldız, mein Töchterchen, schau, was mir deine Großmutter für dich mitgegeben hat." Er hielt ihr ein goldenes Kettchen mit einem Anhänger entgegen. Yıldız hatte sich bisher im Hintergrund gehalten. Jetzt sah Serdal seine Tochter ungläubig an. „Was hast du mit deinem Haar gemacht?" Seine Hand umklammerte das Schmuckstück. „Bist du verrückt geworden? Allah, was bin ich gestraft mit solch einer Tochter!" Serdal Toluks Gesicht war ganz rot, und er war nahe daran, Yıldız zu schlagen. Fatma nahm ihm das Schmuckstück aus der Hand. „Yıldız kann nichts dafür", verteidigte sie ihre Tochter. „Ich wollte ihr Haar noch glänzender machen. Die Farbe war zu stark – ich mußte ihr das Haar kurz schneiden …" Yıldız unterbrach ihre Mutter. „Wirklich, Papa, wir können froh sein, daß es noch so geworden ist. Es hat schrecklich ausgesehen. Ich habe fürchterlich geheult. Aber es wächst bestimmt schnell wieder. Schimpf mich nicht noch aus, bitte." Yıldız legte einen Arm um den Hals ihres Vaters und schluchzte. Er ahnte natürlich nicht, daß sie aus einem ganz anderen Grund weinte. „Euch Frauen kann man wirklich nicht allein lassen", schimpfte er, „schon passiert was." Um ihn abzulenken, fragte Fatma ihn nach Amasya aus. Aber Serdal gab nur kurze Antworten. „Später", sagte er, ging nach oben und verschwand im Bad. Fatma Toluk fragte nicht weiter. Aber sie ging ihm nach und sagte: „Wir haben heute Gülgin und ihren Mann zum Essen da. Ist dir das recht?" Serdal brummte: „Ich lege mich erst mal eine Stunde hin."

Fatma Toluk hatte ein richtiges Festessen vorbereitet. Sie hatte sich schön gemacht, und keiner ahnte, wie schwer es ihr fiel, die freundliche Gastgeberin zu spielen. Serdal war aber anscheinend nicht mehr ärgerlich. Er erzählte fröhlich von den Erlebnissen in der Heimat, bot den Gästen Raki an und schenkte auch selbst ein. Dann lobte er das frische Fladenbrot. „Es schmeckt genau wie zu Hause. Meine Frau hat noch nichts verlernt", sagte er stolz. Fatma errötete. Sie servierte Keşkül, das Mandeldessert, das Serdal so gern aß, dann kochte sie für jeden Mokka.

Yıldız half ihrer Mutter, das Geschirr in die Küche zu tragen und in die Spülmaschine zu räumen.

Fatma hörte ihren Mann mit den Gästen im Wohnzimmer lachen. Er würde nie auf den Gedanken kommen, daß hier etwas Fürchterliches geschehen war, während er in der Türkei seine Angelegenheiten erledigt hatte. Aber bei ihm war anscheinend auch nicht alles in Ordnung, das merkte sie, ohne daß sie ihn fragen mußte.

Warum hat er die teure Kelimbrücke mitgebracht? fragte sie sich. Wenn wir doch zurückgehen, brauchen wir jede Mark. Ob Serdal das Grundstück in Amasya gekauft hatte? Sie träumten von einem Haus am Fluß, vielen Apfelbäumen und dem Blick auf die Berge. Auch ein Geschäft in der Stadt wünschte sich Serdal. Er wollte nicht mehr mit dem Verkauf von Obst und Gemüse sein Geld verdienen, sondern mit Teppichen handeln. Träume und Pläne, die sie, Fatma, seit Jahren teilte. Später einmal, wenn wir wieder in der Türkei leben, sagte er immer. Dafür sparten sie. Nie zuvor hatte sich Fatma das Zurückgehen aber so sehr gewünscht wie jetzt. Sie hatte Angst, noch länger in Deutschland leben zu müssen. Aber sie hatte auch Angst zurückzugehen. Wir waren zu lange fort, dachte sie wie schon so oft in letzter Zeit. Zuviel ist anders geworden. Und wir selbst sind auch anders geworden.

Yıldız war froh, wieder allein zu sein. Es kostete zuviel
Kraft, niemanden etwas merken zu lassen. Aber was würde passieren, wenn sie in der Schule plötzlich vor der

45

ganzen Klasse sagte: „Skins haben mich in den Wald geschleppt und gequält. Ihre Gesichter konnte ich nicht erkennen, weil sie maskiert waren. Vergewaltigt haben sie mich nicht. Nein, ein Deutscher tut so was nicht mit einer Türkenhure. Aber die Pistole hat der Anführer auf mich gerichtet. Und abgedrückt hat er auch. Keiner hat gesagt, daß sie nicht geladen war …"

Jedesmal wurde ihr bei diesen Gedanken schlecht. Sie lag auf dem Bett und starrte an die Decke. Ja, sie hatte Angst, sich zu erinnern. Aber dann mußte sie wieder an die Hände denken. Zwei der Skins hatten am linken Handgelenk Tätowierungen. Yıldız hatte solche Zeichen schon einmal an einer Wand am Bahnhof gesehen. Schmierereien, und daneben stand: Ausländer raus! Deutschland den Deutschen!
Yıldız konnte wieder einmal nicht einschlafen. Sie dachte: Was haben diese Kerle nur aus meinem Leben gemacht!

Die Gäste waren gegangen. Fatma lag neben ihrem Mann und merkte, daß er nicht zur Ruhe kam. Auch sie konnte nicht einschlafen. Sie dachte: Warum spricht er nicht darüber? Über die Familie, das Dorf, das Grundstück …
Leise fragte sie auf türkisch: „Ne zaman geri dönüyoruz? Serdal, was bedrückt dich? Wann kehren wir nach Amasya zurück?"
„Henüz bilmiyorum. Ich weiß es noch nicht."
„Erzähl mir, was passiert ist, Serdal", bat Fatma. „Hat es auf den Ämtern Schwierigkeiten gegeben? In Ankara vielleicht? Oder ist was mit der Familie?"
Serdal setzte sich im Bett auf. „Es war keine gute Reise", sagte er. „Wir können jetzt nicht zurückgehen. Das Grundstück habe ich auch nicht gekauft. Vater geht es gesundheitlich nicht gut. Er hat von mir verlangt, daß ich einen Teil unseres Geldes für meinen Bruder Musa hergebe. Musa soll Mutter zu sich nehmen, falls Vater stirbt.

Er ist der Ältere. Musa soll ein größeres Haus bauen und einen Lastwagen kaufen, um damit Geld zu verdienen. Er hat jetzt keine Arbeit."

Fatma erschrak. Serdal hatte also das Grundstück nicht gekauft. Das bedeutete, daß sie hierbleiben mußten. Vielleicht noch sehr lange. Musa hatte nie akzeptiert, daß sein jüngerer Bruder Serdal nach Deutschland gegangen war. Fünf Kinder hatte er mit seiner Frau Nirgül, davon drei Töchter, die er verheiraten mußte. Doch wer nahm eine Frau, die nichts in die Ehe mitbringen konnte?

Fatma sagte: „Also müssen wir noch weiter arbeiten und sparen, damit Musa nichts zu tun braucht. Was will er denn mit einem Lastwagen? Er wird das Geld verbrauchen und kein Haus bauen. Du kennst ihn doch. Willst du das wirklich machen, Serdal?"

Er antwortete nicht. Also hat er ihm schon Geld gegeben, dachte sie. Unser Traum ist zerstört. Vielleicht für immer. Und wir werden immer wieder Geld an den Bruder und die Verwandtschaft schicken, damit sie denken, es geht uns gut. Da kommen wir nie mehr raus. Dann dachte sie verzweifelt: Wo sollen wir denn hin? Wir können weder hierbleiben noch in die Türkei zurückgehen.

Da sprach Serdal plötzlich wieder. „Musa will, daß Murat bei ihm arbeitet. Er sagt, die Familie müßte zusammenhalten. Aber Vater meint auch, Murat soll erst seine Lehre beenden. Aber sonst unterstützt Vater Musa. Er ist schließlich der Ältere." Das klang bitter. Fatma drückte die Hand ihres Mannes.

Also noch ein Jahr, dachte sie. Murat muß dann unter seinem Onkel schuften. Und Yıldız kann nicht einmal die Schule hier zu Ende machen. Sie wird es schwer haben, sehr schwer, weil sie nicht mal richtig Türkisch kann. Es wird zu schwer sein für meine Kinder. Serdal, Serdal! dachte sie. Du hast dich doch auch verändert in diesen Jahren hier in Deutschland. Du doch auch. Was wirst du diesmal machen? Wieder einmal nachgeben?

In ihre Gedanken hinein sagte Serdal: „Ich werde das nicht so einfach mitmachen. Murat muß seine Lehre hier beenden. Dann werden wir weitersehen."

„AUSLÄNDER RAUS" steht an der
Schulmauer, und Yıldız sagt Markus
endlich die Wahrheit

An die Mauer neben dem Schultor waren in der Nacht die Sätze gesprüht worden: AUSLÄNDER RAUS! DEUTSCHE SCHULEN FÜR DEUTSCHE KINDER! Und daneben Hakenkreuze und Symbole, die Yıldız wiedererkannte. So hatten die Tätowierungen der Kerle auch ausgesehen, die sie in den Wald geschleppt hatten. Yıldız' erste Reaktion war: Umkehren! Sofort wieder nach Hause laufen! Mich verstecken! Die meinen mich!

Doch dann ging sie mit Ulrike und Anna weiter. Ich kann jetzt nicht umkehren, dachte sie verzweifelt. Die anderen wissen doch nicht, was passiert ist. Sie würden nicht verstehen, warum ich davonlaufe.

Yıldız wurde übel. Kamen die Kerle jetzt auch schon hierher? Blaß und unkonzentriert saß sie im Unterricht. Durfte das passieren, ohne daß jemand etwas dagegen tat? Sie war doch nicht die einzige Ausländerin an dieser Schule.

In der großen Pause stand sie neben Ulrike und Markus. „Wir müssen was tun", sagte Markus. „Wir können nicht einfach zusehen. Flugblätter, Demos …"

„Ich glaube nicht, daß da viele von unserer Schule mitmachen", sagte Ulrike. „Wenn's darauf ankommt, möchte ich sehen, wer wirklich dabei ist."

Markus wollte davon nichts wissen. „Ich weiß, wie gefährlich die sind. Und ihr wißt das genauso. Aber sollen wir warten, bis auch bei uns die Asylantenheime brennen?"

Yıldız dachte: Und die Häuser, in denen Türken wohnen. Sie sah, wie hilflos Markus war. Aber was sollte sie tun? Sie drehte sich um und ging in die Klasse zurück. Der Hausmeister war dabei, die Wand mit einem Besen und mit Wasser zu reinigen.

Erst als sie nach Hause gingen, sprach sie wieder mit Markus darüber. „Weißt du, ob die Schulleitung was dagegen macht?"

„Sie werden Anzeige erstatten, gegen Unbekannt. Was sonst. Aber ich weiß, wo die sich treffen. Die kommen auch aus anderen Städten, wollen provozieren, den Leuten Angst machen, damit sie sich wieder den starken Mann wünschen. Den Führer."

Plötzlich wird Yıldız ganz bleich und zerrt Markus weg. „Was ist? Was hast du?" Jetzt sieht auch er die Skins, die über die Kreuzung direkt auf sie zukommen. Yıldız klammert sich an die Jacke von Markus und versteckt ihr Gesicht an seiner Brust. Die Skins gehen an ihnen vorbei, ohne sie zu beachten. Yıldız zittert am ganzen Körper. Als sie ihren Kopf wieder hebt, sind die Glatzköpfe weg.

„Das sind sie, Mark. Das sind sie!"

„Die haben die Wände beschmiert? Woher weißt du das?"

„Nein, das meine ich nicht", stammelt Yıldız. Und dann erzählt sie Markus doch, was sie niemals hatte sagen wollen.

Markus hört schweigend zu und starrt auf die Straße. „Diese Schweine!" sagt er schließlich leise. Er kann vor Erregung kaum reden. „Jetzt sind sie dran. Das schwöre ich dir, Yıli. Warum hast du sie nicht angezeigt?"

„Warum? Anzeige gegen Unbekannt? Wie bei den Sprüchen an der Wand. Denkst du, da kommt was dabei raus? Damit wird doch alles nur noch schlimmer. Schwöre, daß du nichts sagst. Ich bitte dich, Mark."

Markus schüttelte den Kopf. „Willst du denn immer vor ihnen davonlaufen, Yıli?"

Plötzlich stand Murat vor ihnen. „Was will er denn schon wieder von dir? Hau ab!"

Markus wollte antworten, sagte aber dann doch nur: „Bis morgen, Yıli. Und hab keine Angst." Dann ging er.

„Was heißt das: Hab keine Angst?" fragte Murat aggressiv und packte Yıldız am Arm.

Yıldız riß sich los. „Halt dich da raus, Murat. Das geht dich nichts an." Dann lief sie los.

Am nächsten Tag waren die Schmierereien von der Schulwand verschwunden. Gestern noch waren viele stehengeblieben, nicht nur Schüler. Heute gingen die meisten an den Flecken auf der grauen Wand vorbei, ohne weiter darauf zu achten.

Die erste Stunde hatten sie bei Jutta Merkel. Die Klassenlehrerin stellte ihre Tasche auf den Lehrertisch, packte aber weder Bücher noch Hefte aus.

„Was gestern passiert ist, habt ihr alle gesehen", sagte sie etwas lauter als sonst. „Ich möchte, daß wir darüber diskutieren. Also, wer möchte etwas dazu sagen?"

Niemand wollte den Anfang machen. Yıldız hatte das Gefühl, alle warteten darauf, daß sie etwas sagte. Warum ich, dachte sie. Weil es gegen Ausländer geht?

„Was hat die Schulleitung dagegen gemacht?" fragte Markus ganz direkt.

„Anzeige gegen Unbekannt", antwortete Frau Merkel ganz ruhig. „Bravo! Sehr mutig!" rief jemand ironisch.

„Wir leben in einem Rechtsstaat", sagte die Lehrerin, „und müssen uns an die Gesetze halten."

„Der ganze Rechtsstaat ist verdammt rechts!" provozierte wieder jemand.

„Warum hat man das überhaupt weggemacht? Damit sind auch die Beweise weg!" Ulrike dachte praktisch, wie immer.

„Wir haben in der Lehrerkonferenz auch darüber diskutiert", erklärte die Klassenlehrerin. „Die meisten waren dafür, daß die Schmierereien wieder weg sollen."

Yıldız rief erregt dazwischen: „Anzeige gegen Unbekannt! Das war's dann auch schon. Die werden nicht ein zweites Mal hierher kommen und sich dabei erwischen lassen, wenn sie solche Parolen an die Wand sprühen."

Jutta Merkel sah, wie aufgeregt Yıldız war. „Ich weiß, Yıldız, du bist besonders sensibel dafür. Aber die meinen doch nicht dich persönlich …"

„Nein? Wirklich nicht?" Yıldız reagierte aggressiv. „Wissen Sie das so genau? Ich habe Angst vor denen."

Sven meldete sich. „Irgendwie kann man ja verstehen, daß

die sich wehren. In den letzten Jahren sind doch immer mehr Ausländer gekommen. Das müssen wir alles bezahlen. Es gibt für unsere eigenen Leute ja kaum noch Wohnungen und Arbeit. Wenn die vielen Ausländer aus Deutschland raus sind, geben die Nazis wieder Ruhe."

„Meinst du damit auch mich? Soll ich auch so schnell wie möglich in die Türkei zurück?"

„Es sind einfach zu viele geworden", meinte Anna. „Aber wo sollen sie sonst Schutz finden? In ihrer Heimat werden sie verfolgt. Wie die Kurden zum Beispiel."

„Aber doch nicht alle Ausländer, die bei uns Asyl suchen, werden zu Hause verfolgt. Die meisten kommen doch nur, weil sie hier mehr verdienen können. Und wenn sie können, arbeiten sie schwarz. Unsere Leute sind dadurch arbeitslos."

Die Diskussion ging noch eine ganze Weile hin und her. Jutta Merkel, die das Gespräch schließlich beendete, sagte: „Dazu gibt es noch sehr viel zu sagen. Ich wollte nur, daß ihr selbst erst einmal darüber nachdenkt und euch eine Meinung bildet."

Auf dem Nachhauseweg fragte Yıldız Markus, ob er zu den anderen etwas gesagt habe. „Nein, ich habe mit niemandem darüber gesprochen", beruhigte er sie. „Ich habe aber viel darüber nachgedacht. Allein kann ich nichts gegen sie tun. Und im Moment sind die Skins auch alle verschwunden. Vielleicht haben sie woanders was vor, auf irgendeiner Demo Krawall machen oder ..."

„Oder Ausländer verprügeln und Türkenmädchen quälen, was?" Markus gab ihr einen Kuß, bevor sie sich wehren konnte. „Genügt dir das als Beweis, daß ich dich liebhabe, Yılı? Ich werde dir aber auch helfen. Die werden sich noch wundern."

Yıldız sagte leise: „Es hat sowieso alles keinen Sinn. Ende dieses Schuljahres gehen wir wahrscheinlich in die Türkei zurück. Meine Eltern wollen das. Dann werde ich in Amasya weiter in die Schule gehen."

„Was willst du denn in der Türkei? Du kannst ja nicht mal richtig verstehen, was die da reden!"

„DIE sind meine Landsleute", sagte Yıldız spitz. „Meine Verwandten, Mark. Die Großeltern, die Tanten und Onkel, die Familie. Für mich sind das nicht einfach DIE!"

„Entschuldige. Ich bin nur so erschrocken. Weißt du, was das bedeutet? Du wirst dort leben, und ich hier. Dazwischen sind viele hundert Kilometer. Wie stellst du dir das vor?"

Yıldız fuhr sich mit der Hand über die Augen. „Ich kann mir das alles auch nicht vorstellen", sagte sie. „Und ich kann mir auch nicht vorstellen, wie das mit uns beiden weitergehen soll. Irgendwann machst du mir vielleicht den Vorwurf, daß ich mich nicht genug gewehrt habe, als die Kerle über mich hergefallen sind. Nein, sag jetzt nichts, Mark. Ich denke ja nur ein bißchen laut nach. Wir sollten besser jetzt miteinander Schluß machen, Mark. Dann geht dich das alles nichts mehr an."

„Das ist doch nicht dein Ernst, Yılı! Wir können doch nicht einfach so auseinandergehen! Ich liebe dich doch, Yılı."

„Was war denn schon?" sagte Yıldız. „Wir haben uns geküßt und von Liebe geredet. Aber ich weiß nicht, wie lange die hält. Mark, es ist mir ernst. Such dir ein Mädchen, dem so etwas nicht passiert ist. Bitte."

Markus wollte sie an sich ziehen, aber sie wehrte sich. „Es hat keinen Zweck, Mark. Wir müssen Schluß machen."

Über Yıldız' Gesicht liefen Tränen. Natürlich war sie glücklich darüber, daß Markus das erste Mal so direkt von seiner Liebe zu ihr sprach, aber sie wußte auch, wie wenig Chancen diese Liebe hatte. In ein paar Monaten würde sie vielleicht gar nicht mehr hier sein. Weinend riß sie sich los. Sie hörte noch, wie er ihr hinterherrief: „Ich werde dir beweisen, daß ich dich liebe, Yılı. Ich werde es dir beweisen, das schwöre ich dir."

Markus spioniert seinem Bruder nach

Markus hatte keine Ruhe mehr gefunden, seit Yıldız ihm gesagt hatte, was mit ihr geschehen war. Er war zutiefst erschrocken und beunruhigt. Ich habe ihr versprochen zu schweigen, sagte er sich immer wieder. Aber ist das richtig? War es überhaupt richtig gewesen, die Polizei nicht zu informieren? Er konnte die Argumente von Yıldız verstehen: „Du weißt doch, wie das geht. Die fragen und fragen. Aber hätten sie mir auch geglaubt? Anzeige gegen Unbekannt! Das ist dann auch schon alles. Und dann in allen Zeitungen: Ausländermädchen von Skins …"

Ich will Yıldız nicht verlieren, dachte Markus immer wieder. Es muß doch einen Weg geben, diese verdammten Schweine zu finden. Immer wieder mußte er daran denken, wie die Skins über Yıldız hergefallen sind. War noch etwas geschehen, das er nicht wußte? Er fühlte sich selbst verletzt und beschmutzt. Ihn hatte Yıldız zurückgewiesen, als er einmal versucht hatte, ihren Busen zu streicheln, seine Hand in ihren Slip gleiten zu lassen. Und er hatte es auch akzeptiert. Er konnte warten. Nun hatten andere ihren Körper berührt. Und sie wollte nicht darüber reden. Markus wollte nicht gleich nach Hause, nachdem Yıldız davongelaufen war. Sie wollte sich von ihm trennen. Abschied! Aus! Für immer! Das tat weh. Aber er akzeptierte es nicht.

Er ging den Weg am Fluß entlang, weiter als er sonst mit Yıldız gegangen war, weil er wußte, daß da ein paar Hütten standen. Alte Holzhütten, in denen Gartengeräte und anderes Zeug untergebracht waren. Eine dieser Hütten hatten sich die Skins als Treffpunkt ausgebaut. Sie stand etwas abseits und war fast nicht zu sehen. Hier trainierten sie und bereiteten sich auf Überfälle vor. Das hatte er einmal beobachtet.

Markus ging auf die Hütte zu und überlegte, ob er das Schloß aufbrechen sollte. Dann aber dachte er: Das würde sie nur warnen. Ich muß sie beobachten, ich muß Geduld haben.

Er war sicher, daß in dieser Hütte Beweise zu finden waren für das, was sie taten und dachten. Aber er wollte, daß die Skins gefaßt wurden.

Langsam ging er den Weg in die Stadt zurück. Wie soll ich Yıldız erklären, warum ich solchen Haß auf die Neos habe? dachte er. Sie denkt, das hängt nur damit zusammen, was die Kerle mit ihr gemacht haben. Ja, das ist es auch. Aber das hat alles schon viel früher angefangen.

Yıldız wußte nicht alles. Und er konnte es ihr auch nicht erzählen. Jetzt nicht mehr. Ich bin feige, dachte er. Es tut eben weh, zu sehen, wie sich mein Bruder Ben verändert hat.

Ben war schon lange nicht mehr damit zufrieden, wie die Skins Parolen an die Wände zu schmieren und gegen Ausländer vorzugehen. Er gehörte zu denen, die Macht wollten. Das hatte Markus erfahren, als er ihm einmal heimlich nachgelaufen war, zu dieser Hütte, in der die Skins sich trafen. Er hatte gesehen, wie die Skins vor seinem Bruder stramm standen, als er ihnen Befehle erteilte. Dabei sah sein Bruder gar nicht aus wie ein Skin, eher wie ein Bankangestellter oder jemand aus dem Management.

Wie konnte Ben nur so werden? dachte Markus. Immer wieder kamen ihm auch andere Augenblicke in den Sinn: Ben, der große Bruder. Der Beschützer. Ben, der sein Taschengeld für einen Fußball zum Geburtstag für ihn gespart und mit ihm Hausaufgaben gemacht hatte. Ben, der an seinem Bett gesessen und ihn getröstet hatte, weil es keinen Vater für die beiden Jungen gab.

Nein, Ben war nicht immer so gewesen. Aber Markus wußte auch nicht, wann es angefangen hatte, daß Ben so anders geworden war. Die Veränderung war so nach und nach gekommen. Erst ein paar Bücher, dann die Kassetten mit den Songs, später dann die Nazisachen. In der ersten Zeit wollte er auch mit Markus über seine neuen Ideen sprechen. „Es muß sich alles ändern. Und es wird sich auch ändern, wenn endlich wieder Ordnung und Disziplin in diesem Land herrschen."

„Laß mich in Ruhe mit dem Quatsch!" Warum habe ich ihm nie zugehört, dachte Markus. Ich weiß nicht einmal, wer ihm den Kopf so verdreht hat. Jetzt redet er nicht mehr darüber, wenn er zu Hause ist, weil Mutter ihm das verboten hat. Aber ich weiß, daß die Skins auf ihn hören. Hatte vielleicht er die Kerle auf Yıldız gehetzt? Wollte Ben damit verhindern, daß er mit Yıldız zusammen war? Bei diesem Gedanken wurde ihm ganz übel. Wenn Ben dahintersteckt! Mein eigener Bruder!

Markus wollte Gewißheit haben. Als er zu Hause ankam, ging er sofort in Bens Zimmer. Die Tür war nicht abgeschlossen. Er durchwühlte die Schubladen, bis er ein Heftchen mit persönlichen Notizen fand. Aber er kam nicht zum Lesen, denn plötzlich stand Ben vor ihm und riß ihm das Heft aus der Hand. Dann gab er ihm eine Ohrfeige.

„Mach das nie wieder, Brüderchen. Ich kann auch anders!"

Noch nie war Markus von seinem Bruder geschlagen worden. Er stürzte sich auf ihn, doch Ben fing ihn ab. Solche Kraft hatte Markus nicht erwartet. „Du Nazi!" schrie er. „Du steckst hinter dem, was sie mit Yıldız gemacht haben. Du wolltest dir bloß nicht selber die Hände schmutzig machen …"

Ben schleuderte seinen Bruder gegen die Tür. Markus fiel auf den Boden. „Ich habe dich gewarnt. Aber du willst ja nicht hören. Mir nachspionieren!"

Markus blutete am Mund. Über ihm stand Ben. In seinem Gesicht war eine Brutalität, die Markus noch nie an seinem Bruder gesehen hatte. Und plötzlich sah er das kleine Symbol auf dem Hemd, ganz klein nur und kurz über der Hose. Es war das gleiche Symbol wie bei den Schmierereien an der Schule. Ben hielt ihn mit dem Fuß am Boden zurück, als Markus aufstehen wollte. „Du Schwächling! Du hast es ja nicht einmal geschafft, von der Türkenhure loszukommen."

Er spuckte vor Markus auf den Boden. Dann zerrte er ihn hoch und stieß ihn aus dem Zimmer. Die Tür machte er zu und schloß sie ab. Markus konnte es nicht fassen. „Ben, wir sind Brüder! Wie kannst du so was machen?"

Ben lachte höhnisch. „Du bist nicht mein Bruder. Du nicht!" Dann verließ er die Wohnung und kam auch die nächsten Tage nicht mehr nach Hause.

Der Vater ist nach seiner Rückkehr sehr ernst, und die Mutter spricht mit ihren Kindern jetzt oft Türkisch

Seit der Vater von dem Besuch in der Heimat zurückgekommen war, beachtete er die Vorschriften des Islam wieder strenger. Er betete jetzt länger, und danach war er oft sehr schweigsam. Fatma brachte nur noch türkische Speisen auf den Tisch und auf keinen Fall etwas mit Schweinefleisch. Vorher hatte ihr Vater deutsche oder italienische Gerichte schweigend akzeptiert. Jetzt aber schob er den Teller beiseite, wenn es etwas war, das gegen Allahs Gebote verstieß. Yıldız beobachtete auch, daß ihr Vater nun öfters mit anderen Türken zum Freitagsgebet ging. Frauen hatten dort sowieso nichts zu suchen.

Murat ging jetzt manchmal am Freitag mit seinem Vater. Yıldız wußte, daß er nicht gerade begeistert davon war, mit anderen Männern auf den Knien zu liegen und zu beten. Doch der Vater verlangte es.
Viel lieber war Murat mit seinen Freunden zusammen. Sie trafen sich in einem türkischen Restaurant und redeten sich über Politik die Köpfe heiß. Oft ging es dabei auch um ihre Situation in Deutschland. Serdal Toluk sah das nicht gern. Oft hatten er und Murat deswegen Streit. Doch Murat wollte nicht hören. „Sollen wir uns etwa alles gefallen lassen? Ich lasse mich doch nicht verprügeln." Meistens verschwand er dann in seinem Zimmer und spielte laute Technomusik.
Yıldız konnte nicht einschlafen, weil Murats Recorder zu laut war. Barfuß lief sie hinüber in sein Zimmer. „Stell den Krach ab, ich will schlafen!" schrie sie.

Murat lag angezogen auf seinem Bett. Als er nicht reagierte, ging Yıldız zur Hi-Fi-Anlage und drehte die Musik leiser.

„He, was soll das?"

Yıldız setzte sich auf sein Bett und steckte ihre kalten, nackten Füße unter die Decke. „Was ist los mit dir?"

Murat schaute sie mürrisch an. „Das könnte ich dich auch fragen. Aber du denkst ja, ich merke nichts. Aber ich habe meinen Stolz. Du hast deinen längst verloren."

Yıldız wußte sofort, was er meinte. „Laß Mark in Ruhe, der ist in Ordnung. Und von dir lasse ich mich nicht herumkommandieren. Ist das klar?"

„Dein Mark ist wie alle anderen. Im Sommer machen sie in der Türkei Urlaub, und wenn sie wieder zu Hause sind, schauen sie zu, wie uns die Wände beschmiert und die Autoreifen zerstochen werden. In Wirklichkeit sind wir für sie der letzte Dreck."

„Es sind nicht alle so, Murat. Und du weißt, daß wir nicht immer hierbleiben." Bei dem Gedanken ans Weggehen und an die Trennung von Mark kamen ihr fast die Tränen in die Augen. „Ich habe Angst um dich, Murat, und Vater und Mama auch. Die Skins sind …"

Aber Murat hörte ihr gar nicht mehr zu. Er stellte seinen Recorder wieder lauter. Yıldız zog ihre Füße unter der Bettdecke hervor und ging in ihr Zimmer zurück.

An diesem Abend fand sie lange keine Ruhe. Ich habe mit Markus Schluß gemacht, dachte sie. Aber ich liebe ihn.

Sie dachte zurück an den Tag, als er sie zum ersten Mal gefragt hatte, ob sie mit ihm ein Eis essen würde. „Ich weiß nicht," hatte sie gesagt und war ganz rot geworden. Und dann: „Doch. Ich will schon." Sie war schon lange in ihn verliebt.

Später waren sie dann zum Fluß gegangen und hatten lange miteinander gesprochen. Markus hatte seinen Arm um sie gelegt. „Es ist schön mit dir. Bekommst du Ärger, wenn du mit einem Jungen gehst?"

„Du meinst, weil ich Türkin bin? Ich weiß nicht. Ich habe noch keinen Freund gehabt."

Die laute Musik in Murats Zimmer brach ab. Unten ging leise die Haustür zu. Wohin geht Murat jetzt noch? überlegte Yıldız. Es war schon spät. Sie wußte, daß sie nun nicht einschlafen konnte, bevor Murat wieder nach Hause kam. Das war schlimmer als die laute, harte Musik aus dem Recorder. Aber sie hatte noch mehr Angst vor den Gedanken, die ihr kamen, wenn sie im Dunkeln lag. Immer wieder die gleichen schrecklichen Bilder und das Knacken der Pistole an ihrer Schläfe. Sie hielt die Hand an ihren Kopf und spürte das kurze Haar. Da stand sie auf und ging ins Badezimmer. Im hellen Licht stellte sie sich nackt vor den Spiegel. So haben die Kerle mich gesehen, dachte sie. Und sie spürte auf ihrer Haut wieder das Messer, das langsam über ihren Körper vom Bauch über die Brust bis ans Kinn fuhr.

Immer wieder machte sie diese Angst durch. Davon wachte sie auf. Nacht für Nacht. Zu dumm, daß sie die Gesichter nicht gesehen hat. Immer hatte sie die Strumpfmasken und die Hände mit den Tätowierungen vor Augen, wenn sie sich an die Skins zu erinnern versuchte.

Sie löschte das Licht und ging in ihr Zimmer zurück. Dort zog sie die Bettdecke über den Kopf. Sie hatte Angst vor jedem neuen Tag, an dem sie sich zusammennehmen mußte, damit die anderen nichts merkten.

In den ersten Tagen war sie kaum aus dem Haus gegangen. Manchmal war sie nach ein paar Schritten schon wieder umgekehrt. Sie hatte Tabletten genommen, um sich zu beruhigen. Aber die Verletzungen an ihrer Seele konnte sie damit nicht heilen. Sie fragte sich manchmal, warum sie nicht doch zur Polizei gegangen war. Aber schon der Gedanke an die vielen Fragen nahm ihr wieder den Mut.

Der Vater telefonierte jetzt öfters mit der Familie in der Türkei, und obwohl er dabei die Tür hinter sich abschloß, konnte sich Yıldız denken, worum es dabei ging.

Einmal sagte sie empört: „Onkel Musa kann doch nicht einfach über unser Geld bestimmen. Dagegen mußt du dich doch wehren, Papa. Warum sollen wir denn dorthin zurück?"

Sie saßen gerade beim Abendessen. Ihr Vater aß kaum etwas. „Wir sollten woanders hingehen", antwortete Fatma Toluk für ihren Mann. „Nach Ankara vielleicht oder nach İstanbul. In eine große Stadt jedenfalls."

„Ich gehe nicht mit", sagte Murat. „Große Stadt! Wißt ihr, wo wir dann noch landen werden? In dem kleinen Dorf, wo Großvater und Onkel Musa über uns bestimmen. Ich denke nicht daran, für Musa zu arbeiten. Ich bleibe hier!"

Serdal Toluk stand auf und ging wortlos hinaus. So hatte Murat bisher noch nie gesprochen.

Nach dem Essen ging Murat noch einmal weg. Yıldız blieb bei ihrer Mutter im Wohnzimmer. „Warum denkt Vater jetzt ans Zurückgehen, Mama? Hast du ihm etwas gesagt?"

„Nein, Yılı. Dann müßten wir noch heute die Koffer packen. Er hat auch Probleme. Der Laden läuft nicht mehr so gut, es kommen nicht mehr so viele Kunden. Es sind auch schon einige in die Heimat zurückgegangen. Wenn sie arbeitslos sind, dann bleibt ihnen ja nichts anderes übrig."

„Murat will aber nicht zurück", sagte Yıldız. „Und wenn er ausgelernt hat, wird er bestimmt seine Arbeit behalten."

„Vielleicht", antwortete Fatma Toluk. Sie sprach jetzt oft Türkisch mit Yıldız und Murat, und sie war jedesmal erschrocken, wie wenig die Kinder die Sprache beherrschten. Yıldız hatte auch kein Interesse, wenn ihre Mutter ihr etwas über die Geschichte des Landes erzählte. „Mama, das bringt mir nichts."

„Es ist deine Heimat, Yılı."

„Nein, Mama. Ich habe keine Heimat. Weder hier noch dort."

Manchmal nahm sie trotzdem den Gedichtband zur Hand,

den ihr die Mutter auf das Bett gelegt hatte. Es waren Verse von türkischen Autoren, Gedichte von Liebe und Sehnsucht, von Hoffnung und Enttäuschung. Aber sie begriff den Sinn der Gedichte nicht. Das waren die Gefühle der Eltern, der Großeltern. Sie dachte: Werde ich jemals so fühlen, so denken können?

Aber Yıldız wußte, daß ihnen schließlich doch nichts anderes übrigbleiben würde als zurückzugehen. In solchen Augenblicken war sie immer ganz verzweifelt. So viele Jahre waren sie in Deutschland willkommen und zu Hause gewesen. Man hatte Leute wie ihren Vater als Arbeitskräfte gebraucht. Und jetzt? Keine Arbeit! Macht, daß ihr wieder heimkommt. Wir haben selbst Probleme mit der Arbeit und mit den Wohnungen. Da war der Gedanke nicht weit: Ausländer raus! Deutschland den Deutschen! Sie sprachen es nur nicht so deutlich aus wie die Rechtsradikalen. War es das, weshalb der Vater daran dachte zurückzugehen?

Jetzt tat es ihr leid, daß sie nicht mir Markus darüber reden konnte. Aber der ging ihr inzwischen aus dem Weg. Nur manchmal schaute er sie so traurig an. Aber nun konnte sie nicht mehr zurück.

Ben ist wieder in der Stadt, und Murat beweist, daß er Mut hat

Am nächsten Tag traf sie Anna auf dem Weg zur Schule. „Ich habe auf dich gewartet, weil ich dir von Markus was ausrichten soll."

„Wenn er mir was zu sagen hat, dann soll er es selber tun."

„Stell dich doch nicht so an! Er kommt heute nicht in die Schule. Aber er sagt, er muß dich unbedingt sprechen. Du sollst am Nachmittag zu ihm kommen …"

„Ist er etwa krank?" fragte Yıldız. Sie vergaß, daß sie mit ihm Schluß gemacht hatte.

„Ich glaube nicht. Aber es ist sehr wichtig, sagt er."

„Und woher weißt du das?" Yıldız reagierte fast eifersüchtig.

„Ich habe geklingelt, weil ich eine CD brauche, die ich ihm geliehen habe. Also, gehst du hin?"

Yıldız sagte weder ja noch nein. Aber sie wußte, sie würde es tun. Was kann er von mir wollen? fragte sie sich.

Gleich nach der Schule lief sie zu Markus. Ihre Beine zitterten, als sie die Treppen in die zweite Etage hinaufstieg. Sie sagte zu sich selbst: Bleib ganz ruhig, Yılı. Es ist Schluß mit uns beiden, und es ist das beste so.

Als sie in der Tür stand und er sie in die Wohnung zog, waren alle guten Vorsätze weg. „Yılı, ich habe so auf dich gewartet." Markus fiel ihr sofort um den Hals. Sie kam gar nicht dazu, etwas zu sagen. Erst als sie in seinem Zimmer waren, fragte sie: „War es das, was du mir so Wichtiges zu sagen hattest?"

„Nein, Yılı. Aber das ist auch wichtig. Was ich dir sagen wollte, ist, daß mein Bruder wieder in der Stadt ist."

Yıldız erschrak. Ben ist da! „Und da verlangst du, daß ich hierherkomme, Mark? Soll er mich nochmal in sein Zimmer zerren und mich quälen? Bist du noch normal?"

Markus faßte sie an der Schulter. „Du brauchst keine Angst zu haben, Yılı. Er kommt immer erst spät. Ich liebe dich doch. Und ich will dich nur warnen."

Markus kam nicht weiter. Plötzlich stand Ben in der Tür. Weder Markus noch Yıldız hatten gehört, wie er die Tür aufgeschlossen hatte. „Wen willst du warnen? Deine Türkenbraut? Habe ich ihr nicht deutlich genug gesagt, daß ich sie hier nicht haben will?" Yıldız schrie laut auf und wollte weglaufen. Ben ließ sie aber nicht an sich vorbei.

„Hast du das damals nicht begriffen? Brauchst du Nachhilfestunden?"

Yıldız drückte sich vor Angst an die Wand. Diese Augen! Kalt und voller Haß. Und die Stimme, die Worte waren die der Skins, die sie gequält hatten. Bei dem Gedanken, daß sie in eine Falle geraten sein könnte, bekam sie Panik. Warteten die anderen vor der Wohnungstür?

„Mach, daß du rauskommst!" schrie Markus seinen Bruder an. „Hau ab! Du hast hier nichts mehr zu suchen, das hat dir Mutter deutlich gesagt. Verschwinde!"

Yıldız sah, wie Bens Augen schmal wurden. Seine Worte klangen wie Metall. „Stell dich mir nicht noch einmal in den Weg. Ich habe dich gewarnt!" Mit einem lauten Knall fiel die Tür zum Flur hinter ihm ins Schloß.

Yıldız lehnte immer noch zitternd an der Wand. Sie hatte die Augen geschlossen und hörte kaum, was Markus zu ihr sagte. „Er hat noch einen Schlüssel", stammelte er. „Wir müssen das Schloß auswechseln lassen. Meine Mutter hat ihn heute früh rausgeworfen. Ich mußte hierbleiben, weil wir befürchteten, daß Ben mit den Skins wiederkommt. Ich muß auf den Schlosser warten ..."

Markus war völlig durcheinander. „Es hat Streit gegeben. Meine Mutter hat ihm Vorwürfe gemacht, weil er mit denen mitmacht. Sie hat gesagt: „Die oder wir!" Da hat er

durchgedreht und meine Mutter geschlagen. Im Wohnzimmer sieht es schlimm aus. Er soll die Wohnung nie wieder betreten, hat meine Mutter gesagt. Aber vorhin hatte
ich vergessen, die Kette wieder vorzulegen."
Plötzlich schrie Yıldız los: „Hör auf! Laß mich in Ruhe!
Das interessiert mich alles nicht. Bist du noch normal?

Mich diesem Nazi auszuliefern! Deine Familienprobleme sind mir egal …"

Yıldız konnte nicht mehr. Ihr Hals brannte, der Kopf schmerzte, alles an ihr tat weh.

Markus wollte etwas sagen, aber die Stimme gehorchte ihm nicht. Da nahm er einfach ihre Hand und zog sie hinter sich her. Im Wohnzimmer war ein großes Durcheinander. Markus hatte schon versucht, ein bißchen Ordnung zu machen. Er hatte eine Verletzung an der Stirn, das sah Yıldız erst jetzt.

Yıldız sah das alles, ohne etwas zu sagen. Dann ging sie durch den Flur zurück zur Wohnungstür. Als sie hinausgehen wollte, hielt Markus ihre Hand fest. „Yılı, ich wollte dich wirklich warnen, dich und deine Familie."

„Dann geh zur Polizei. Ich bin die falsche Adresse."

„Anzeige gegen Unbekannt?"

„Nein. Anzeige gegen deinen Bruder." Dann lief sie einfach weg.

Nach dem Mittagessen ging sie sofort in ihr Zimmer. Doch ihre Mutter hatte bemerkt, daß etwas passiert war. Als ihr Mann wieder in den Laden ging, kam sie zu Yıldız herauf. Erst weinte Yıldız nur, dann erzählte sie der Mutter, was geschehen war. „Warum hat Markus mir nicht von Anfang an die Wahrheit gesagt? Immer nur Andeutungen wegen Ben …"

„Vielleicht aus Angst, daß du ihn dann nicht mehr magst, Yılı." Yıldız weinte sich aus, und die Mutter hielt sie wie ein kleines Kind in den Armen. „Bleibt uns wirklich nichts anderes übrig, als von hier wegzugehen, Mama?" Sie bekam keine Antwort.

Aber am Abend kam Murat zu ihr. „Ich weiß, was los ist", sagte er. „Mama hat mir alles gesagt. Jetzt wird was passieren. Und über Markus reden wir noch. Manches sehe ich da vielleicht falsch. Aber manches auch nicht."

Yıldız wollte schreien: Nichts wirst du machen, Murat! Halt dich da raus! Aber sie war zu erschöpft, sie konnte einfach nicht mehr. „Wir werden uns diesen sauberen Ben vornehmen. Ihn und seine Bande!" sagte Murat. „Markus wird mich zu ihm führen, und wenn ich ihn hinprügeln muß!"

„Murat, Ben war doch gar nicht dabei. Ich kann nicht mal beweisen, daß er die Skins auf mich gehetzt hat. Vielleicht wollte er nur, daß Schluß ist zwischen Mark und mir. Aber ich konnte keinen erkennen. Sie hatten alle Masken auf. Die lassen sich nicht einfach finden. Und wenn ... ich habe Angst um dich!"

Murat konnte sich nicht beruhigen. „Ich finde diese Schweine. Die werden nicht noch mal ein türkisches Mädchen anrühren."

In der Nacht wurde Yıldız von Sirenen aus dem Schlaf gerissen. Dann klingelte das Telefon. Sie lief aus ihrem Zimmer und sah Murat aus dem Haus rennen. Auch ihre Eltern waren wach geworden. Serdal Toluk öffnete das Fenster. „Es brennt", sagte er. „In der Vorstadt. Die Feuerwehr ist schon unterwegs."

Yıldız konnte lange nicht mehr einschlafen. Am nächsten Morgen kam ihr Vater mit der Nachricht aus der Markthalle zurück, daß das Ausländerwohnheim gebrannt hatte.

„Jemand hat das Heim angezündet." Yıldız kannte die Antwort, noch bevor ihr Vater etwas sagen konnte. „Gibt es Tote?"

„Nein. Aber fünf Verletzte. Zwei Kinder sind darunter. Jetzt haben sie nicht mal mehr ein Dach über dem Kopf."

Fatma Toluk schlug die Hände vors Gesicht und rannte in ihr kleines Büro.

„Wer war es?" fragte Yıldız mit gepreßter Stimme. „Haben sie die Täter?"

Bevor ihr Vater antworten konnte, kam Murat. Sein Gesicht war schwarz von Ruß, die Jeansjacke zerrissen. „Nein", sagte er hart. „Sie haben Molotowcocktails in die

Fenster geschmissen und sind davongelaufen. Wir haben rausgeholt, was noch zu retten war, nachdem die Feuerwehr weg war."

„Murat, du blutest an der Hand!" sagte Yıldız erschrokken. Der wehrte ab. „Nicht der Rede wert."

Yıldız sah ihm nach, als er ins Bad ging. Sie bewunderte ihn jetzt. Er hatte geholfen, während sie, wie die meisten Leute in der Stadt, wieder ins Bett gekrochen war.

Alle reden über den Brand im Asylantenheim, und Yıldız soll mit ihrem Vater in die Türkei fahren

In der Schule wurde heftig über den Brand diskutiert. In der Klasse von Yıldız gab es einige, die überhaupt nichts dazu sagten oder die daran zweifelten, daß es die Skins waren. Aber die meisten waren sehr betroffen darüber, daß so etwas ausgerechnet in ihrer Stadt passieren konnte.

Sven sagte: „Wer kümmert sich denn um die Skins? Die werden doch in die Enge getrieben, wo immer sie auftauchen. Natürlich wehren sie sich dann. Die haben auch ihre Probleme, aber die will ja keiner hören. Wer gibt ihnen denn eine Arbeitsstelle, eine Wohnung? Da suchen sie eben Schutz in der Gruppe. Da fühlen sie sich sicher …"

Sven konnte nicht weiterreden. Die anderen überschrien ihn einfach. Es dauerte lange, bis sich die Klasse wieder beruhigte. Einige verlangten härtere Strafen. „Die Polizei hat denen gegenüber doch keine Chancen. Und die Gerichtsurteile sind einfach lächerlich."

Andere sagten: „Das sind nicht nur welche von uns. Da sind 'ne Menge Ossis dabei. Wer hat denn damals in Rostock die Molotowcocktails geschmissen? Die haben doch angefangen …"

Alle redeten jetzt durcheinander. Andy dachte, die meinten ihn persönlich. Er war zu Anfang des Schuljahres mit seinen Eltern aus Chemnitz zugezogen. „In der DDR ist es den Ausländern jedenfalls besser gegangen als uns", sagte er. „Die hatten Westgeld und konnten im Intershop einkaufen, während wir uns nur die Schaufenster ansehen durften. Ihr braucht euch also gar nicht zu wundern, wenn jetzt so was passiert."

Jutta Merkel hatte bisher geschwiegen. Jetzt sagte sie: „Bleiben wir bei dem schrecklichen Ereignis, das letzte Nacht bei uns geschehen ist. Dazu gibt es noch eine Menge zu sagen. Sven?" Aber Sven kam wieder nicht zu Wort. Andy war verletzt. „Die Ossis sind nicht an allem schuld", sagte er. „Habt ihr euch mal überlegt, wie das ist, wenn alles über eurem Kopf zusammenbricht? Plötzlich volle Schaufenster, aber kein Geld, keine Arbeit, keine ordentlichen Wohnungen? Und die Ausländer sitzen in den Neubaublocks, mit Heizung und warmem Wasser? Dann ist auch mal Schluß mit Verständigung und Solidarität."

Endlich kam Sven zu Wort. „Geht's uns denn anders? Da braucht doch nur so einer zu kommen und das Wort Asyl zu rufen, und schon bekommt er alles geschenkt. Aber was wird aus uns? Die Skins wehren sich doch nur, weil sie total isoliert werden …"

Markus wurde ganz blaß. „Merkt ihr denn nicht, wohin diese Diskussion führt? Laßt ihr euch auch schon die Köpfe verdrehen? Klingt gut, was die Neos sagen, was? Raus mit denen, die uns nur Geld kosten. Raus mit den Ausländern, die uns alles wegnehmen. Laßt euch nichts gefallen, ihr seid Deutsche! Findet ihr das wirklich gut?"

Jutta Merkel fragte: „Habt ihr euch mal darüber informiert, aus welchen Gründen die Ausländer überhaupt zu uns kommen?"

Wieder rief Sven dazwischen: „Weil sie denken, hier ist das Paradies. Ich bin wirklich keiner von denen, aber ich kann die Neos verstehen."

„Ich nicht!" Ulrike sah das erregte Gesicht von Yıldız. Sie konnte einfach nicht mehr ruhig zuhören. „Fühlt ihr euch vielleicht bedroht von denen, die oft nur ihr Leben retten konnten? Wollt ihr, daß man sie einfach wieder wegschickt? Was haben sie euch denn persönlich getan?"

Yıldız konnte das alles nicht mehr anhören. Ihr wurde übel und sie rannte aus dem Klassenzimmer. Was ist das nur für eine Klasse, dachte sie. Wie reden sie über Menschen, bloß weil sie eine andere Sprache haben oder eine andere Hautfarbe! Wissen Sven und die anderen überhaupt, wovon sie sprechen?

Yıldız öffnete das Fenster und atmete tief die frische Luft ein. Sie ging nicht mehr in die Klasse zurück. Es war sowieso die letzte Stunde. Sie wartete, bis der Gong ertönte. Ulrike brachte ihre Tasche mit. „Die sind unmöglich, was?" Yıldız nickte nur. Sie dachte: Die haben ja keine Ahnung, was die Skins mit mir gemacht haben. Was würden sie dazu sagen? Würden sie dann auch so reden?

Ulrike ging neben ihr her. „Die machen überhaupt keine Unterschiede und vergessen ganz, daß es auch solche wie dich gibt, die hier geboren sind, schon immer hier leben. Wollen deine Eltern wirklich in die Türkei zurück?"

„Ja. Und vielleicht ist es auch besser so." Vielleicht gehören von denen, die heute so über die Skins reden, morgen schon welche zu ihnen, dachte Yıldız. Ich konnte mir früher auch nicht vorstellen, daß Mark so einen Bruder hat.

Auch zu Hause wurde über nichts anderes als über den Brand gesprochen. Die Kunden im Laden sprachen mit Abscheu darüber. „Warum seid ihr nicht zur Polizei gegangen, als sie euch den Rolladen beschmiert und die Autoreifen zerstochen haben?"

Serdal Toluk zuckte nur mit den Schultern. „Wozu? Sie hätten es wieder getan. Können wir uns wehren? Wir sind Gäste in diesem Land."

„Schöne Gastfreundschaft!" empörte sich eine deutsche Kundin, die schon seit Jahren in den Laden kam. „Wenn ich Gäste habe, dann erlaube ich auch nicht, daß man ihnen was antut."

Am Nachmittag kam der Anruf aus Amasya, der alles veränderte. Serdal Toluk legte mit zitternden Händen den Hörer auf. „Es war Musa. Vater ist tot." Er setzte sich in dem kleinen Büro an Fatmas Schreibtisch. „Was sollen wir jetzt tun?"

„Geh in den Laden, Yıldız", sagte die Mutter und machte die Tür hinter sich zu. Sie setzte sich zu ihrem Mann, der vor sich hin starrte. „Was nun, Serdal? Du mußt hinfahren. Was hat Musa gesagt?"

Serdal Toluk stützte den Kopf in die Hände. „Er will alles mit mir klären und verlangt das, was Vater ihm versprochen hat. Wir sind eine Familie, wo einer für den anderen da sein muß. Er will …"

Fatma stand auf und streichelte ihm über den Kopf. „Musa kann dir nichts vorschreiben. Tu nur das, was du selbst auch willst, Serdal. Aber hinfahren mußt du, um alles zu besprechen. Ein für allemal muß das geklärt werden. Es geht auch um die Kinder."

„Vater ist tot", sagte Serdal. „Ich habe ihn geliebt. Warum habe ich nicht früher alles mit ihm besprochen?" Er legte den Kopf auf den Schreibtisch und schluchzte. Da ließ Fatma ihren Mann allein. In der Nacht, als beide schlaflos im Bett lagen, überredete Fatma ihren Mann, Yıldız zur Beerdigung mitzunehmen. Sie buchte Flüge nach Ankara. Von da aus mußten sie per Bahn und Bus weiterfahren. Serdal hätte lieber seine Frau mitgenommen. Sie wußte, daß er sich vor dem Streit mit seinem Bruder Musa fürchtete. „Einer muß dableiben und sich um das Geschäft kümmern", bestimmte Fatma. „Mit Murat und Gülgin schaffe ich das. Und Musa kann nicht verlangen, daß wir alle vier kommen."

„Musa nicht, aber meine Mutter …"

„Die sieht Yıldız lieber als mich."

Später dachte sie: Es ist gut, wenn Yıldız eine Weile hier weg ist. Vielleicht gewöhnt sie sich dann leichter an den Gedanken, ganz dorthin zu ziehen.

Mit Musa würde es Streit geben, das war sicher. Wenn nur Serdal nicht wieder seinem Bruder nachgab. Jetzt sagte er: „Wenn wir zurückgehen, werde ich Mutter zu uns nehmen. Wir werden Platz für sie haben. Und warum soll ich

Musa Geld dafür geben, daß er sich ein Haus baut und einen Lastwagen kauft!"

Aber würde er auch dabei bleiben? Fatma war nicht sicher. Wenn er erst mit seiner Familie zusammen ist, dann werden sie ihn unter Druck setzen, befürchtete sie.

Yıldız hatte zunächst überhaupt keine Lust mitzufliegen. „Es ist doch nicht schlecht, wenn du dir alles mal mit eigenen Augen ansiehst. Bisher waren es immer nur Ferien, die wir in Amasya verbracht haben. Schau dich mal um, ob du dort zur Schule gehen könntest und ob du überhaupt dort leben möchtest."

„Ich dachte, wir wollten nach İstanbul ziehen oder nach Ankara?" Fatma Toluk sagte leise: „Wohin wir ziehen werden, weiß allein Allah."

Yıldız freute sich nicht auf diese Reise. Eine Beerdigung war neu für sie, und sie hatte Angst davor. Die Rituale der Moslems waren ihr fremd. Sie kannte die Kirchen ihrer Kleinstadt hier, und sie liebte die Atmosphäre, die Stille, das Licht, das durch die bunten Scheiben drang. Und immer wieder wunderte sie sich, wie ähnlich vieles in der Religion der Christen und im Islam war. An die Vorschriften der Bibel hielten sich viele Christen auch nicht. *Liebe deinen Nächsten wie dich selbst!* Aber wie oft war die Wirklichkeit ganz anders!

Einmal war sie zusammen mit Ulrike und Anna zu einem Orgelkonzert im Dom gegangen. Die Musik von Bach war ihr ganz fremd, aber auch wieder nah. Damals hatte sie das erste Mal gedacht: Eigentlich bin ich viel mehr deutsch als türkisch. Wie könnte ich mich jemals in der Türkei zu Hause fühlen?

Man konnte sie aus dem Schlaf wecken, und sie konnte sofort auf der Landkarte zeigen, wo München oder Köln, Flensburg oder Kassel lagen. Würde sie jemand nach Konya oder Erzurum fragen, müßte sie lange auf der türkischen Landkarte suchen.

„Das sind unsere alten Städte mit unserer großen Geschichte", hatte ihre Mutter gesagt. „Wir werden dorthin fahren und dir alles zeigen. Auch Ephesus und Troja …"
Ja, ja. Irgendwann einmal. In den Ferien.
Troja, das war damals die Sache mit dem Deutschen Schliemann! Und das lag in der heutigen Türkei? Der schöne Altar von Pergamon, den sie neulich in Berlin im Museum besichtigt hatte – wo ist dieses Pergamon?
Ich denke deutsch, ich fühle deutsch, ich träume sogar deutsch! Aber jetzt habe ich Angst vor den Deutschen. Sie korrigierte sich sofort: Nicht vor d e n Deutschen. Das war genauso blöd wie die Meinung, Ausländer seien weniger wert und stinken nach Knoblauch. Diese Gedanken beschäftigten Yıldız während des Fluges von Frankfurt nach İstanbul. Ihr Vater war mit anderen Problemen beschäftigt. Sie dachte: Ich werde ihm helfen, so gut ich kann. Hoffentlich ist er nicht zu weich und tut wieder das, was Musa will. Denn er entscheidet auch über unser Leben.

Yıldız hat ein langes Gespräch mit ihrer Großmutter Ayşe, und Serdal kauft ein Grundstück am Grünen Fluß

Die Beerdigungszeremonie war vorbei. Yıldız war froh darüber. Sie kannte ihren Großvater ja kaum. Wenn sie früher zu Besuch war, war er freundlich zu ihr und nannte sie „Mein schönes Mädchen". Dagegen liebte sie ihre Großmutter Ayşe sehr. Die Großmutter war übrigens auch nicht allzu traurig. Yıldız bemerkte bald, daß sie ganz andere Sorgen hatte. „Ich will nicht mit Nirgül unter einem Dach wohnen."

Für Musa war schon alles geregelt. „Wir bauen ein Haus, in dem auch Mutter ihren Platz hat."

„Hast du genug Geld, um ein Haus zu bauen?" Yıldız wußte, welchen Mut ihr Vater zu dieser Frage brauchte. „Von mir kannst du nämlich nichts mehr bekommen, Musa. Wir brauchen unser Geld für unser eigenes Haus. Du kannst nicht über das bestimmen, was wir in all den Jahren gespart haben. Über zwanzig Jahre haben wir in Deutschland hart gearbeitet."

Musa starrte seinen Bruder an. Er wollte nicht glauben, was dieser sagte. Sein Gesicht wurde vor Zorn rot. „Und ich habe mich um die Familie gekümmert, Serdal", schrie er. „Dir war egal, was aus den Eltern und uns wird. Was weißt du denn, was hier los war …"

Bei dem Streit ging es laut her. Yıldız lief zur Großmutter, die in der Küche saß und die Hände im Schoß hielt. Als Yıldız sich zu ihr setzte, sagte sie: „Er ist kaum unter der Erde, da geht der Streit schon los. Werdet ihr bald zurückkommen, Sternchen? Will dein Vater wirklich ein Haus bauen? In Amasya etwa?"

„Ich weiß es nicht, Großmutter."

Ayşe Toluk knüpfte ihr Kopftuch fester unter das Kinn. Yıldız betrachtete das faltige Gesicht der alten Frau. Dann rechnete sie nach, wie alt Großmutter war. Sechzig, höchstens fünfundsechzig. Aber sie sah viel älter aus. Nur die Augen waren jung geblieben. „Ich lasse mir von Musa nichts sagen. Er ist nicht mein Ehemann. Soll er doch Nirgül herumkommandieren. Aber die kann ja mit ihm machen, was sie will."

Yıldız lachte. Die Großmutter schaute sie nachdenklich an. „Es ist das erste Mal, daß du lachst. Seit du angekommen bist, hast du ein trauriges Gesicht. Also, was ist mit dir, Yıldız?"

Yıldız schüttelte den Kopf. „Das verstehst du doch nicht, Großmutter. Es ist so vieles anders geworden in letzter Zeit."

„Du willst nicht in die Türkei zurück?"

Yıldız nickte. Doch dann erzählte sie der Großmutter auch, wie sich das Leben in Deutschland für Ausländer verändert hatte. „Da gibt es welche, die uns am liebsten rauswerfen würden. Die denken, Ausländer nehmen ihnen die Arbeit weg und die Wohnungen, leben von ihrem Geld. Sie hassen uns, schmieren die Wände voll und machen uns die Autoreifen kaputt."

Ayşe Toluk hielt erschrocken die Hand vor den Mund. Dann sagte sie leise: „Davon hat Serdal noch nie etwas erzählt. Das habe ich nicht gewußt. Und Großvater auch nicht. Ich habe immer gedacht, ihr seid glücklich in diesem Land."

„Wir waren auch glücklich", sagte Yıldız. „Aber jetzt nicht mehr." Von den eigenen bösen Erfahrungen sprach sie nicht. Aber es tat schon gut, daß sie jemanden hatte, der zuhörte.

„Alle, die dort waren, erzählen immer nur Gutes", sagte Ayşe leise. „Sie arbeiten und verdienen viel Geld. Sehr viel Geld. So viel habe ich noch nie in meinem Leben gesehen.

Und dein Großvater auch nicht. Warum erzählt niemand davon, daß sie euch hassen und loswerden wollen? Haben sie dir auch weh getan, Sternchen?"

Yıldız konnte die Tränen nicht mehr zurückhalten. Sie hatte das Gefühl, daß ihr noch nie im Leben jemand mit so viel Liebe zugehört hatte. Ayşe Toluk nahm die Enkelin in ihre Arme und streichelte über das kurzgeschnittene Haar. „Hast du deshalb auch diese neue Frisur, Sternchen? Damit sie dich nicht gleich als Türkin erkennen?"

Jetzt konnte sich Yıldız nicht mehr beherrschen, und Ayşe Toluk erfuhr auch das Schreckliche, das die Skins ihrer Enkelin angetan hatten. Da weinte auch sie.

Es war lange still zwischen den beiden, die in der alten Küche saßen. Yıldız wurde langsam ruhiger. Sie spürte durch den schwarzen Stoff des Kleides die Wärme, die von der Großmutter kam. Das tat ihr gut. Und sie dachte: Wie habe ich es ohne sie so lange ausgehalten? Bei ihr kann ich mich richtig ausweinen.

Ayşe Toluk streichelte sie immer noch. Dann sagte sie leise: „Jetzt weißt du nicht mehr, wo du hinsollst, nicht wahr? Ich kann dir auch keinen Rat geben, Sternchen. Es ist gut, daß du lernst und einen Beruf haben willst. Ich hatte keinen. Und ich konnte mich nie wehren, weil ich abhängig war. Erst von meinem Vater, dann von meinem Ehemann, jetzt von Musa." Wieder schwiegen die beiden. Yıldız ahnte, daß die Großmutter in dieser Stunde auch ihr eigenes Leben an sich vorüberziehen ließ. Ob sie glücklich gewesen war? Yıldız wußte es nicht. Was wissen wir eigentlich voneinander? dachte sie.

Da sagte Ayşe Toluk plötzlich: „Hörst du, wie sie immer noch streiten? Serdal soll nicht wieder nachgeben, das wünsche ich mir." Sie stand auf und stellte den Wasserkessel auf den Herd. „Ich werde Tee machen", sagte sie.

Serdal Toluk fuhr mit seinem Schwager Ufuk die wenigen Kilometer nach Amasya. Yıldız wollte sich das Grundstück auch ansehen, das man ihrem Vater angeboten hatte. „Wir werden ein Haus bauen", hatte Serdal Toluk gesagt. „Und Großmutter kann dann bei uns leben, wenn sie will. Bis wir zurückkommen, kann sie auch bei Ufuk wohnen, wenn Musa den Platz hier braucht. Meinetwegen kann Musa das Haus der Eltern übernehmen. Ich will es nicht haben." Es hatte lange gedauert, bis sich die Brüder einig waren. Aber nun war auch sicher, daß irgendwann eine Rückkehr in die Türkei geplant war. Vielleicht schon bald?

Die Fahrt dauerte nicht lange. Der Besitzer des Grundstücks kam beinahe pünktlich, und die Männer waren sich schnell einig. Yıldız aber dachte: Ich werde gar nicht gefragt. Mir geht es wie Großmutter und Mama. Wir Frauen haben dabei nichts zu sagen. Sie schaute sich um. Landschaft und Umgebung gefielen ihr auf den ersten Blick. Das Grundstück lag über dem Tal. Unten rückten die kleinen Häuser von Amasya eng zusammen. Nur die spitzen Minarette ragten hervor.

Yıldız sah plötzlich alles mit anderen Augen. Dabei war sie doch nicht nur einmal durch die engen Straßen der Altstadt gelaufen, hatte auch die schön restaurierten osmanischen Bürgerhäuser gesehen, die über dem Ufer des Yeşilırmak, des „Grünen Flusses" lagen. Aber sie hatte die Zeit hier immer als Urlaub betrachtet. Der Gedanke, ständig hier leben zu müssen, war ihr nie gekommen. Wenn sie sich früher an Amasya erinnerte, dann waren das helle freundliche Wochen, der bunte Basar, der Mädchenpalast, aber auch die moderne Hektik: verstopfte Straßen, Lärm, Abgase – und immer eine gewisse Fremdheit.

Die Stimme eines Muezzin rief die Gläubigen von einem der vielen Minarette zum Gebet. Gleich danach folgten die anderen, ihre Lautsprecher machten einen Höllenlärm. Die Männer waren daran gewöhnt. Fünfmal am Tag verbeugten sie sich in Richtung Mekka und sprachen ihr Salam.

Yıldız dachte: Das ist doch reine Routine. Oder denken sie dabei wirklich an Allah?

Der Vater und Ufuk hatten beschlossen, ein Doppelhaus zu bauen. Ufuk wollte so bald wie möglich mit dem Bau beginnen. Was werde ich Mama erzählen, wenn ich wieder zurück bin? dachte Yıldız. Wie schön der Ausblick hier ist? Und daß sie den Berg hinuntersteigen muß, wenn sie etwas einkaufen will? Und daß ihre Schwester Yücel auch hier wohnt und sie dann nicht allein ist in der alten neuen Heimat? Ob sie sich freut, wenn Großmutter mit in dem Haus wohnt, das Vater und Ufuk bauen wollen? Yıldız war hin- und hergerissen in ihren Eindrücken, Gefühlen und Gedanken.

Als sie in das Auto stiegen, um zurückzufahren, dachte sie: Ohne diese Verbrecher, diese verdammten Skins, würde ich wahrscheinlich mehr darum kämpfen, daß wir in Deutschland bleiben, daß ich mein Abitur machen und studieren kann.

Onkel Ufuk und Vater diskutierten während der Rückfahrt laut über die Preise von Baumaterialien und Handwerkern. Yıldız hörte nicht mehr hin. Das waren nicht ihre Probleme. Wie sie Onkel Ufuk und ihren Vater kannte, würde das Haus schnell stehen. Apfelbäume und Grüner Fluß, darüber am Hang ein Haus. Ein neues Haus, das war auch immer eine neue Hoffnung. Es war ein Strich unter die Vergangenheit und ein Blick in die Zukunft.

Mehmet ist ganz anders, als Yıldız gedacht hat, und Murat hat sich zu Hause mit den Skins geprügelt

Die Großmutter gab vor der Abreise von Yıldız und Serdal ein großes Festessen. Yıldız half ihr bei der Vorbereitung der vielen Salate, Desserts und Vorspeisen.

Zum Abschiedsfest kam auch Mehmet. Yıldız hatte eigentlich gar nicht mehr an ihn gedacht. Seine Mutter war auch da. „Du willst das Abitur machen und dann studieren, stimmt das etwa, Yıldız?" „Ja, das habe ich vor."

„Das wird aber lange dauern. Du bist dann schon ziemlich alt." Yıldız lächelte und antwortete: „Ich will einen Beruf haben, Frau Türköz."

„Mein Sohn kann seine Frau ernähren." Stolz blickte Mehmets Mutter auf ihren Jungen, der bei den Männern stand. „Er ist Beamter." Yıldız mußte lächeln. „Wie schön für seine spätere Frau", sagte sie. „Wenn ich einmal heirate, soll mein Mann damit einverstanden sein, daß ich auch einen Beruf habe."

Ohne ein Wort zu sagen, stand Mehmets Mutter auf und ging zu den anderen Frauen zurück.

Anscheinend hatte sie ihrem Sohn etwas von dem kurzen Gespräch gesagt. Denn als Mehmet schließlich zu ihr kam, merkte sie, daß er nach einer Frage suchte. „Ihr kommt zurück?" wollte er schließlich wissen.

„Vielleicht. Warum?"

Er sah zu Boden. Dann sagte er bestimmt: „Ich will weg von hier. Nach Deutschland."

„Ich denke, du bist Beamter?"

Mehmet schüttelte den Kopf. „Das sieht nur meine Mutter so. Klar, ich arbeite im Bürgermeisteramt. Aber ich trage Akten herum, bringe Tee in die Büros. Das ist kein Leben für mich. Meine Mutter ist stolz, daß ich jeden Tag ins Rathaus gehe. Aber ich will nicht hierbleiben."

Yıldız dachte: Hat er überhaupt das richtige Bild von dem Land, in das er will? Sie merkte aber sofort, daß er nichts von dem wußte, was gerade in Deutschland los war. Und so erzählte sie einfach vom Leben in ihrer Kleinstadt und den Leuten. Sie erzählte, wie es wirklich war.

„Kommt ihr deshalb zurück?" fragte Mehmet enttäuscht. „Aber es sind doch nicht alle Deutschen so!"

„Nein, nicht alle. Die meisten jedenfalls nicht. Ich habe viele Freunde, die denken ganz bestimmt nicht so."

„Hast du auch einen Freund?" fragte Mehmet und wurde fast rot dabei. „Ich meine einen, den du gern hast."

Yıldız nickte. „Er heißt Markus", sagte sie leise. „Ich liebe ihn. Aber ich weiß nicht, wie es mit uns weitergeht, wenn ich einmal hier lebe."

Mehmet war ganz nachdenklich geworden. Schließlich sagte er: „Du bist sehr schön, Yıldız. Wenn ich dieser Markus wäre, ich würde dich nicht so einfach gehen lassen."

Serdal Toluk war enttäuscht, als er mit Yıldız wieder am Frankfurter Flughafen stand. Er hatte erwartet, daß auch Murat dabei war. „Wo ist er denn schon wieder?" fragte er seine Frau ärgerlich.

„Er hat mir die ganze Zeit im Laden geholfen", beruhigte sie ihn. „Heute ist Sonntag. Er wollte bei seinen Freunden übernachten, und ich habe ihn nicht mehr erreicht. Ich wußte ja auch erst seit gestern abend, wann ihr kommt."

Yıldız war froh, wieder zu Hause zu sein. Die Tage, die sie mit dem Vater in Nordanatolien bei den Verwandten verbracht hatte, kamen ihr nun viel länger vor. Sie fuhren vom Flughafen aus gleich auf die Autobahn und waren in einer knappen Stunde zu Hause. Nach dem Abendessen legte sich Serdal Toluk etwas hin. Die Reise hatte ihn angestrengt. Yıldız schaute ihre Mutter von der Seite an.

„Hat er dir etwas erzählt? Ich meine wegen dem Haus?"
Statt einer Antwort fragte die Mutter: „Was war mit
Musa? Hat Vater wieder nachgegeben?" Yıldız berichtete,
wie sich ihr Vater gegenüber dem Bruder durchgesetzt
hatte. Fatma Toluk war erleichtert. „Das ist gut so", sagte
sie leise. Yıldız sah ihrer Mutter aber an, daß sie noch andere Sorgen hatte. „Was ist mit Murat? Wo steckt er?"
Fatma Toluk trocknete sich die Hände ab und zog die
Küchentür hinter sich zu. Ihre Augen sahen sehr müde
aus. „Du wirst es ja sowieso von Markus erfahren", sagte
sie. „Murat hat sich zuerst mit ihm geprügelt, es ist wohl
um seinen Bruder und den Treffpunkt der Skins gegangen.
Aber dann haben sie sich wieder vertragen und was miteinander ausgemacht. Ich weiß aber nichts Genaues darüber." Yıldız war wütend. „Wo ist Murat jetzt?"
„Nicht so laut, Yılı", flüsterte die Mutter. „Davon darf
Vater nichts wissen."
Yıldız war immer noch wütend. Sie mußte unbedingt wis-
sen, was mit Mark und Murat passiert war und was die
beiden vorhatten. Es klingelte. Bevor Yıldız öffnen konn-
te, war ihr Vater an der Haustür. „Mein Sohn ist nicht zu
Hause", hörte sie ihn sagen. „Was wollen Sie von ihm?"
Er kam mit einem Polizisten und einem Zivilisten ins
Haus. Der Zivilist zeigte ihm einen Haftbefehl gegen
Murat. „Was ist los? Was soll Murat getan haben? Das ist
doch ein Irrtum!"
„Ihr Sohn war bei einer Schlägerei dabei. Wo ist er?"
Yıldız sah, wie ihr Vater sich an die linke Brustseite griff.
„Ich bin vor einer Stunde erst zurückgekommen. Aus der
Türkei." Fatma Toluk hatte sich inzwischen etwas beru-
higt. „Murat ist nicht zu Hause", sagte sie zu den Polizi-
sten. „Er ist bei Freunden. Von einer Schlägerei weiß ich
nichts."
„Wo wohnen die Freunde?"
Fatma Toluk nannte ein paar Adressen. Sie wußte wirk-
lich nicht, wo Murat im Augenblick war.

Als die Polizisten gingen, sagte der eine: „Beten Sie zu Allah oder wie Ihr Gott heißt, daß der Verletzte überlebt. Ihr Sohn hat eine ganz schön harte Faust."

Sobald die Polizisten aus dem Haus waren, rief Fatma Toluk bei Murats Freunden an. Aber überall ging niemand ans Telefon.

„Wir müssen hinfahren, wir müssen ihn warnen!" drängte Yıldız. Serdal Toluk schüttelte energisch den Kopf. Sein Gesicht war plötzlich ganz grau. „Nein, niemand wird hinfahren. Wenn er unschuldig ist, wird ihm nichts passieren. Aber wenn es stimmt, wird er seine gerechte Strafe bekommen. Es ist alles in Allahs Händen." Yıldız sagte darauf nichts mehr. Fatma ging ins Büro und kam mit einer Zeitung zurück. Auf einer Seite wurde von einer Schlägerei zwischen Skins und einer türkischen Gruppe von Jugendlichen berichtet. Es hatte mehrere Leichtverletzte und einen Schwerverletzten gegeben. „Ich konnte ja nicht wissen, daß Murat dabei war", sagte sie weinend. Serdal las die Zeilen wieder und wieder. Dann stand er schweigend auf und fuhr zur Polizei. Er wollte genau wissen, was geschehen war. Aber er wurde wieder nach Hause geschickt, ohne daß er etwas Genaueres erfahren hatte. Am späten Nachmittag klingelte das Telefon. Serdal Toluk nahm den Hörer ab, aber sagte kein Wort. Er hörte zu, nickte ein paarmal und legte schließlich auf. Sein Gesicht war jetzt ganz weiß. Fatma und Yıldız trauten sich nicht, ihn nach dem Anruf zu fragen. Nach einigen Minuten sagte er schließlich: „Murat ist im Untersuchungsgefängnis. Und der Junge, den er angeblich niedergeschlagen hat, ist der Schwerverletzte. Er liegt immer noch im Koma."
Fatma schlug die Hände vors Gesicht. Serdal war in seinem Sessel zusammengesunken und blickte starr vor sich hin.
Yıldız konnte es nicht mehr ertragen, wie ihr Vater den ganzen Abend stumm dasaß. Markus fiel ihr plötzlich ein, der mußte doch etwas wissen. Sie rief Markus an. Er gab zu, daß es zwischen ihm und Murat einen heftigen Streit gegeben hatte. Aber mit der Schlägerei hatte er nichts zu tun.
„Was hast du Murat gesagt?"
„Was er wissen wollte, also wo das Versteck der Skins ist, in welcher Kneipe sie sich treffen und so weiter. Ich habe

nicht gewußt, was Murat und seine Freunde genau vorhaben, sonst hätte ich auch mitgemacht. Das kannst du mir glauben."

„Mir reicht das, was schon geschehen ist!" schrie Yıldız ins Telefon und warf den Hörer hin. Jetzt bin ich auch noch schuld daran, daß Murat sich sein Leben kaputt gemacht hat, dachte sie und heulte verzweifelt. Sie werden Murat verurteilen und ihn dann in die Türkei abschieben. Er hat keine Chance, selbst gegen die Skins nicht. Wir sind Türken. Warum bin ich nur so feige gewesen, warum habe ich so lange geschwiegen!

Es war weit nach Mitternacht. Yıldız überlegte hin und her, wie sie Murat helfen könnte. Ich bin schuld, dachte sie. Murat ist überzeugt davon, daß er das tun mußte. Ein Türke läßt die Ehre seiner Schwester nicht beschmutzen. Sie beschloß: Ich werde hingehen und sagen, warum Murat sich mit den Skins geschlagen hat. Markus wird bestätigen, daß es so war. Dann sieht das, was er getan hat, ganz anders aus. Mit dem schwerverletzten Skin hatte sie kein Mitleid. Sie dachte: Hatten die mit mir Mitleid? Die haben mich gequält und geschlagen. Es war ihnen egal, was aus mir wird, als sie mich allein im Wald zurückgelassen haben. Und was sie gesagt haben: Türkenhure! Raus mit dem Ausländerpack aus Deutschland! Wir werden ihnen zeigen, was deutsche Männer mit denen machen ...
Nie in ihrem Leben würde sie diese Stimmen, diese Worte vergessen. Und die Narben auf ihrer Seele würden bleiben, die waren ja nicht zu sehen. Die konnte sie nicht als Beweis auf den Tisch legen.

Yıldız geht zur Polizei, und auf dem Friedhof schaut sie sich die Skins genau an

Yıldız ging zur Polizei, ohne ihren Eltern etwas davon zu sagen. Ein älterer Polizeibeamter hörte sich gar nicht erst an, was sie aussagen wollte. „Sie wollen Ihrem Bruder helfen. Kann ich verstehen. Ich hab' auch nichts für die Skins übrig, können Sie mir glauben. Aber es bringt doch nichts, wenn Sie jetzt eine Geschichte erfinden."

„Ich erfinde nichts. Warum hören Sie mich gar nicht erst an?" „Wenn Sie Anzeige erstatten wollen, sind Sie hier richtig. Alles andere erledigt der Rechtsanwalt Ihres Bruders. Gehen Sie zu dem." Sie wollen gar nichts hören, dachte Yıldız. Der Mann weiß nicht, wie schwer es für mich war, überhaupt zur Polizei zu gehen. Und der schickt mich einfach fort. Die glauben mir nicht.

Bevor sie ganz den Mut verlor, ging sie in die Anwaltskanzlei. Sie mußte lange warten, weil sie nicht angemeldet war. Der Anwalt war ein Mann um die fünfzig. Als er Yıldız die Hand reichte, spürte sie einen festen Druck. Er war ihr sympathisch. Sie stellte sich als Schwester von Murat Toluk vor. Rechtsanwalt Schindler bot ihr einen Stuhl an und entschuldigte sich dafür, daß er nicht gleich für sie Zeit gehabt hatte. „Was kann ich für Sie tun, Fräulein Toluk?" Yıldız berichtete von ihrem Besuch bei der Polizei. „Es geht nicht darum, meinen Bruder zu entlasten", erklärte sie. „Ich möchte erklären, warum mein Bruder sich mit diesen Leuten geschlagen hat. Aber das kann ich nicht erzählen, wenn Sie keine Zeit haben und dauernd auf die Uhr schauen." Sie hatte bemerkt, wie der Rechtsanwalt ein paarmal auf seine Armbanduhr geblickt hatte.

Dr. Schindler konnte sich vorstellen, wie schwierig es für Yıldız war, in dieser Kanzlei und unter Druck mit ihm zu reden. Sie tat ihm leid. „Ich habe gleich wieder einen Termin", sagte er. „Aber können wir uns für später verabreden? Es muß nicht in der Kanzlei sein. Um vier? Geht das? Im Café Wolter, das ist in der Severinstraße."

„Ja, ich danke Ihnen."

Rechtsanwalt Schindler kam pünktlich in das kleine Café in der Innenstadt. Yıldız war nervös und wußte nicht, wo sie beginnen sollte. Sie stockte immer wieder und sah zu Boden, als sie dem Anwalt alles schilderte. Sie sagte auch, warum sie bisher geschwiegen und niemandem etwas von dem brutalen Überfall erzählt hatte. Der Anwalt hörte zu, ohne sie zu unterbrechen. „Es war bestimmt nicht richtig, keine Anzeige zu erstatten", sagte er. „Und jetzt kommt noch etwas hinzu, das ich vorhin nicht wußte, als Sie bei mir waren. Eckart Gerlach, den Ihr Bruder so schwer verletzt hat, ist gestorben."

Yıldız begriff im ersten Moment gar nicht, welche Konsequenzen das für Murat haben könnte. „Tot? Und Murat hat es getan?" fragte sie leise.

Auch Dr. Schindler sprach leise. „Es kommt weiter noch hinzu, daß Ihr Bruder das Messer schon in der Hand hatte, als er in das Lokal gekommen ist. Der Wirt und die Gäste haben das bestätigt. Das heißt, die Anklage wird statt auf vorsätzliche Körperverletzung jetzt auf Totschlag lauten." Yıldız schloß entsetzt die Augen. Ich bin schuld daran, dachte sie immer wieder. Warum habe ich sie damals nicht angezeigt. Meine Feigheit bringt nun Murat ins Gefängnis. „Glauben Sie mir wenigstens, was ich Ihnen gesagt habe?"

„Ich glaube Ihnen." Dr. Schindler machte sich ein paar Notizen, klappte dann aber sein Notizbuch zu. „Ich kann auch Ihre Gründe verstehen, warum Sie die Täter damals nicht angezeigt haben. Sie wollen jetzt vor Gericht aussagen?"

Yıldız nickte.

„Sie haben Mut, Fräulein Toluk. Wir müssen versuchen, dafür Beweise zu bringen. Ihre Mutter könnte als Zeugin gehört werden. Und Ihr Freund Markus? Würde der aussagen?"

„Er wird aussagen. Da bin ich sicher."

„Aber Sie können nicht beweisen, daß es Skins aus genau dieser Gruppe waren? Und ob Gerlach dabei war, wissen Sie auch nicht?"

„Sie haben doch alle Strumpfmasken getragen", sagte Yıldız verzweifelt. „Einer oder zwei waren am Handgelenk tätowiert."

„Solche Tätowierungen haben viele von ihnen. Denken Sie nach, Yıldız. Wir brauchen etwas, das Ihren Bruder entlastet."

Yıldız begann zu zittern. „Wird es Murat helfen, wenn ich vor Gericht alles erzähle?"

Dr. Schindler legte ihr beruhigend die Hand auf den Arm. „Wir müssen jede Möglichkeit nutzen, auch wenn sie noch so klein ist. Vielleicht fällt Ihnen doch noch etwas ein. Bitte, denken Sie nach."

Mutlos verließ Yıldız das Café. Er ist tot, dachte sie. Murat hat ihn umgebracht. Meinetwegen.

Markus konnte Yıldız nur mit Mühe dazu überreden, an der Beerdigung von Eckart Gerlach teilzunehmen. „Das bringt doch nichts", wehrte sie sich. „Mein Bruder ist schuld, daß dieser Gerlach gestorben ist."

„Die Skins haben Murat provoziert", widersprach Markus. „Deshalb hat er das Messer gezogen. Das haben seine Freunde gesagt. Vielleicht kriegen wir noch etwas raus, was Murat entlastet."

„Was denn?" Yıldız hatte Markus mit in ihr Zimmer genommen. „Die Skins kommen bestimmt zum Begräbnis", sagte Markus. „Für die ist der Gerlach doch ein Märtyrer. Wenigstens werden sie versuchen, ihn dazu zu machen. Noch dazu, weil ihn ein Ausländer …" Markus sprach nicht weiter. Aber Yıldız verstand ihn auch so. „Du willst wahrscheinlich auch wegen Ben hin. Der war bei der Schlägerei nicht dabei. Denkst du, er zeigt sich offen mit den Skins?"

Markus schüttelte den Kopf. Aber Yıldız sah, wie er mit sich kämpfte. In seinen Augen war plötzlich etwas, was ihr Angst machte. Sie dachte: Markus haßt seinen Bruder. Ben hat alle Liebe zwischen ihnen zerstört.

„Wenn von den Glatzen welche da sind, schau sie dir genau an, Yılı. Vielleicht erkennst du doch einen wieder. An irgendwas. Sie ahnen ja nicht, daß du da bist und sie beobachtest. Das ist vielleicht eine Chance", sagte Markus. „Vielleicht hast du recht, vielleicht ist es aber auch falsch." Yıldız hatte Angst, daß Journalisten sie als Murats Schwester erkennen könnten. Selbst vor der Schule hatten sie auf sie gewartet. Am nächsten Tag war ein Artikel mit ihrem Foto in der Zeitung gewesen. Darunter die Schlagzeile: TÜRKE BRINGT SKIN UM! AUSLÄNDERGANG PRÜGELT SICH IN KNEIPE!

Den Laden hatten sie vorübergehend geschlossen. Serdal Toluk saß nur noch im Wohnzimmer und grübelte vor sich hin. „Diese Schande", sagte er nur immer wieder. Fatma Toluk wagte kaum noch, den Telefonhörer abzunehmen. Yıldız litt sehr darunter, daß sie den Eltern nicht helfen konnte. „Ich komme mit", sagte sie schließlich zu Markus.

Am Tag der Beerdigung ging sie mit Markus in der großen Pause von der Schule weg. Sie hatten sich von Frau Merkel freigeben lassen. Yıldız wollte nicht erkannt werden. Sie setzte eine Sonnenbrille auf und schlug den Kragen ihrer Jacke hoch, um ihr Gesicht zu verstecken. Markus hielt ihre Hand. Am liebsten wäre sie weggelaufen, aber Markus hielt sie fest. „Sie kommen bestimmt, sonst wäre die Presse nicht schon da."

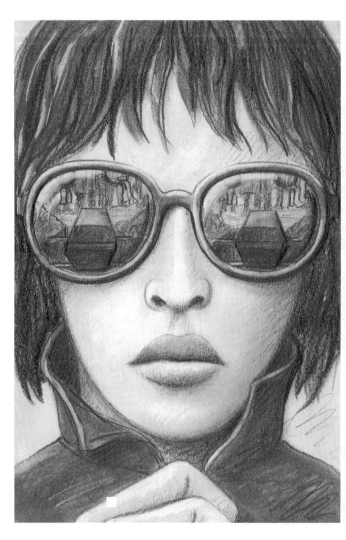

Yıldız erschauerte, obwohl es nicht kalt war. Ihr kam alles so unwirklich vor. Der blaue Himmel über dem Friedhof, die vielen Blumen. Und der Sarg, in dem ein Junge lag, nicht viel älter als sie selbst. Yıldız hörte den Pfarrer mit erhobener Stimme reden: „Der Schmerz seiner Eltern kann diesen jungen Menschen nicht wieder zum Leben erwecken. Aber ...“

Die Kameras klickten hektisch und richteten sich auf den Hauptweg. Der Pfarrer blickte sich irritiert um. Yıldız krampfte ihre Finger um Marks Hand ...

Die Skinheads kommen im Gleichschritt. Ihre Gesichter sind unbewegt und ihre Augen starr geradeaus gerichtet. Die zwei in der ersten Reihe tragen einen Kranz mit einer viel zu großen Schleife. Darauf steht mit goldenen Buchstaben: UNSEREM UNVERGESSENEN KAMERADEN ECKI – DEIN TOD FÜR UNSERE GERECHTE SACHE!

Der Pfarrer schweigt jetzt ganz und blickt hilflos auf die Trauergäste, die vor den Skins zurückweichen und ihnen dadurch Platz bieten, bis zum Grab vorzugehen. Es sind nur noch die Schritte mit den Stiefeln auf dem Kies und das Klicken der Kameras zu hören. Die Skins legen den Kranz nieder und stellen sich breitbeinig neben das Grab. Yıldız ist wie erstarrt. Sie folgt dem Blick von Mark und sieht Ben in einigem Abstand von den Skins auf dem Weg. Die Skins heben stumm den rechten Arm zum Gruß, dann gehen sie diszipliniert und mit eisigen Gesichtern wieder davon.

Yıldız sucht nach Ben, aber der ist nicht mehr zu sehen. „Hast du einen erkannt?" fragt Markus, ohne sie anzuschauen.

„Nein. Nur die drei Steinewerfer und deinen Bruder."

Sie sieht eine Frau weinend am Grab stehen. Das ist sicher Eckarts Mutter, denkt sie. „Geh voraus, Markus. Ich komme nach", sagt Yıldız, und sie nimmt ihre Sonnenbrille ab.

Sie ging zu der Frau am Grab. „Ich bin Yıldız", sagte sie leise. „Die Schwester von Murat Toluk."

Bevor sie weitersprechen konnte, zerrte ein Mann sie weg. „Verschwinde. Aber etwas plötzlich!" Er stellte sich schützend vor die Frau. Aber Frau Gerlach schüttelte den Kopf. „Schon gut, Alfred. Die tut mir nichts." Sie wandte sich Yıldız zu. In ihren Augen waren keine Tränen mehr. „Was wollen Sie?" fragte sie mißtrauisch. Yıldız wußte nicht, was sie sagen sollte. Dann stammelte sie hastig herunter, was die Skins mit ihr gemacht hatten. „Ich dachte, ich könnte vielleicht einen von ihnen erkennen."

Alfred Gerlach unterbrach sie wütend. „Das soll unser Eckart gemacht haben? Willst du meinen Sohn noch im Grab beschimpfen?" Frau Gerlach sagte: „Laß mal, Alfred. Laß sie ausreden. Es ist sowieso alles zu spät." Plötzlich fiel ihr Blick auf den Kranz der Skins. Sie riß die Schleife ab und warf sie weg. Dann wandte sie sich zum Gehen. Yıldız blieb neben ihr.

„War unser Eckart bei denen, die das mit Ihnen gemacht haben?" Frau Gerlach wischte sich jetzt mit dem Taschentuch über die Augen. „Ich kann das nicht glauben."

„Ich weiß es nicht", sagte Yıldız. „Sie waren maskiert."

„Ecki war ein guter Junge", sagte Frau Gerlach. „Wir sind nach der Wende hierher gezogen. Der Betrieb von meinem Mann hat zugemacht. Da sind wir rüber in den Westen, weil mein Mann hier Arbeit gekriegt hat. Aber unser Ecki ist mit der Situation hier nicht zurechtgekommen. Die haben ihn immer geärgert, wegen des sächsischen Dialekts und eben als Ossi. Da hat er seine Lehrstelle hingeschmissen. Dann hatte er plötzlich Freunde, Kumpane. Er wollte so sein wie die, hat sich den Kopf kahlrasiert und diese Klamotten angezogen. Dann ist er immer öfter von zu Hause weggeblieben. In letzter Zeit war er kaum noch da." Frau Gerlach sprach stockend und leise. Yıldız hörte zu, ohne sie zu unterbrechen. Plötzlich kam ihr der Gedanke: Was wäre, wenn dieser Eckart Murat erschlagen hätte, wenn seine Freunde mit einem Kranz auf den Friedhof gekommen wären. Wenn jemand ihre Mutter angesprochen hätte, oder sie, Yıldız. „Guten Tag, ich bin die Schwester des Mörders …" Yıldız fror.

Yıldız will nicht mehr schweigen

Markus und Yıldız gingen nach der Beerdigung noch nicht direkt nach Hause. Sie gingen hinunter zum Fluß, wo sie oft entlanggegangen waren, wenn sie allein sein wollten. Man konnte sehen, daß der Frühling nicht mehr weit war. Bäume und Sträucher waren schon leicht grün, und der Fluß floß braun und langsam unter der steinernen Brücke hindurch.

„Magst du Apfelbäume?" fragte Yıldız plötzlich.

„Warum?"

„Nächstes Jahr im Frühjahr werde ich wahrscheinlich schon die Apfelbäume in Amasya blühen sehen. Unser Haus wird auf einem Hang stehen. Dort gibt's viele Apfelbäume. Und den Fluß nennt man den Grünen Fluß, ich weiß nicht, warum. Wirst du dann an mich denken?" Markus legte den Arm um sie. „Vielleicht kannst du doch hierbleiben, Yılı. Deine Eltern werden warten, bis Murats Prozeß vorbei ist. So schnell geht das nicht."

Sie erzählte ihm von ihren Besuchen bei der Polizei und Murats Anwalt. „Ich will nicht mehr schweigen, Mark. Dadurch ist schon zu viel passiert. Ich werde vor Gericht aussagen."

„Und dein Vater, was sagt der dazu? Ihr habt doch so harte Vorstellungen von Ehre und Familie. Erst die Sache mit Murat und dann noch deine Geschichte", sagte Markus vorsichtig.

„Ich weiß nicht, wie er das durchsteht."

Yıldız lief noch lange mit Markus am Fluß entlang. Sie redeten und redeten. Auch über seine Probleme, die er mit

Ben hatte. Sie ließ ihn reden, weil sie wußte, daß auch er jemanden brauchte, der ihm zuhörte. Aber sie dachte auch: Er hat gar nicht richtig verstanden, daß ich in ein paar Monaten vielleicht schon nicht mehr hier bin.

Fatma Toluk hatte endlich den Mut dazu gefunden, mit ihrem Mann darüber zu reden. Sie erzählte ihrer Tochter aber keine Einzelheiten. Bestimmt war es sehr schlimm für ihn, dachte Yıldız. Erst zwei Tage später setzte sich Serdal Toluk wieder zu ihnen an den Tisch. Kein Vorwurf, keine Frage. Aber Yıldız sah, wie alt und müde sein Gesicht war. „Du mußt nicht vor Gericht aussagen, Yıldız. Es ist deine Entscheidung. Aber vielleicht würde es Murat helfen …“ Yıldız sah ihren Vater an. Das klang ja fast wie eine Bitte. „Ich werde aussagen.“

Rechtsanwalt Schindler hatte für sie einen Termin bei der Polizei ausgemacht. Yıldız war froh, daß es eine Beamtin war, die sie befragte. Wenigstens eine Frau, dachte sie. „Es war wirklich nicht gut, daß Sie geschwiegen haben“, sagte Christine Neubert. „Dadurch macht man es den Tätern immer leicht. Sie fühlen sich sicher, wenn ihre Verbrechen nicht angezeigt werden.“

Yıldız spürte, daß die Frau ihr glaubte. Sie nannte noch einmal alle Gründe für ihr Schweigen. „… die können alle behaupten, daß sie nicht dabei waren.“

„Und sie können es wieder tun. Aber Ihr Bruder wußte doch gar nicht, ob es die Täter waren. Er ist mit dem Messer in das Lokal gerannt und hat, als die Skinheads ihm das Messer aus der Hand geschlagen haben, eine volle Flasche von der Theke genommen und auf Gerlach eingeschlagen. Wieso gerade auf den?“

„Ich war nicht dabei“, sagte Yıldız leise. „Ich habe auch nicht mit Murat darüber gesprochen. Er ist mein Bruder. Bei uns steht einer für den anderen ein in der Familie.“

Die Kriminalbeamtin nickte nur. „Ich weiß, die Familienehre. Aber jetzt haben Sie sich dazu entschlossen, Anzeige zu erstatten?"

„Was kommt dabei raus?"

„Ihrem Bruder wird das nicht viel helfen, wenigstens nicht direkt", meinte die Beamtin. „Aber ich denke, es ist für Sie wichtig. Sie müssen das Gefühl loswerden, daß Sie völlig hilflos und wehrlos sind. Bitte, schreiben Sie uns nochmals alle Details auf, die Ihnen zu den Tätern einfallen."

„Ich habe Angst. Und wenn sie sich an mir rächen, oder an meiner Familie?"

Christine Neubert schaltete das Tonbandgerät ab, mit dem sie das Gespräch aufgezeichnet hatte. Sie war noch jung, Mitte Zwanzig vielleicht. Und sie spürte genau, was Yıldız fühlte. „Angst provoziert auch Gewalt, genauso wie Schweigen. Da gibt es immer zwei Seiten, die einen tun etwas, und die anderen lassen es mit sich geschehen. Ich glaube, daß das heute viele Menschen begriffen haben und das auch zeigen. Sie demonstrieren zum Beispiel gemeinsam mit Ausländern, sie erheben sich also aus ihrer Angst, aus ihrem Schweigen gegen diejenigen, die AUSLÄNDER RAUS! brüllen. Man muß auch unterscheiden. Zwischen solchen, die andere aufhetzen, und solchen, die einfach mitmachen …"

Yıldız dachte an Ben. Ja, der gehörte zu denen, die andere aufhetzten. „Das klingt ja ganz gut, Frau Neubert. Aber Glatzkopf ist für mich Glatzkopf. Wenn einer von denen auf mich zukommt, wie soll ich dann wissen, ob er an mir vorbeiläuft oder zuschlägt?" „Wir haben einen Rechtsstaat, Yıldız. Wir können nicht jeden Skin einfach festnehmen. Außerdem gibt es „den Skin" nicht. Es gibt rechte und linke, militante und solche, die Gewalt ablehnen. Yıldız sagte nachdenklich: „Der Gerlach war vielleicht nicht bei denen, die über mich hergefallen sind. Aber er hätte bestimmt mitgemacht."

„Das hat dein Bruder sicher auch gedacht", sagte Christine Neubert. „Aber was ist, wenn sich herausstellt, daß der Tote völlig unschuldig ist? Vielleicht hat er sich nur aus Spaß den Kopf kahlgeschoren, und er war nur zufällig in der Gaststätte. Yıldız wurde immer nachdenklicher. Trotzdem konnte und wollte sie nicht alles verstehen. Denn Reden und Verstehen war das eine, was aber mit ihr passiert war, das andere.

Die Polizei hat erste Erfolge, aber Fatma und Serdal machen sich Sorgen um ihre Zukunft

Serdal Toluk hatte den Laden wieder geöffnet, aber abends saß er schweigend im Wohnzimmer und starrte vor sich hin. Das war jeden Abend so. Es kamen auch nur noch ganz selten Gäste zu ihnen. Vater wollte es nicht. Auch Fatma Toluk wurde immer stiller. Aber sie hörte nicht auf zu kämpfen. Sie hatte inzwischen auch mit Murat sprechen können. „Murat sagt, er wollte den Jungen nicht töten. Ich glaube meinem Sohn. Aber Dr. Schindler meint, es wird eine Anklage wegen Körperverletzung mit tödlichem Ausgang, das heißt, keine Strafe auf Bewährung."

Das Warten auf den Prozeß war kaum noch auszuhalten. Yıldız spürte, daß auch ihre Eltern nur noch warteten. Wieder einmal riß sie das Klingeln des Telefons aus ihren Gedanken. Ihre Mutter kam die Treppe herauf. „Frau Neubert von der Polizei hat angerufen. Sie haben einen festgenommen. Du sollst morgen zu einer Gegenüberstellung kommen."

Yıldız spürte, wie ihr Herz schneller schlug. „Ob sie wirklich eine Spur haben?"

„Wenn es einer ist, den sie wieder freilassen müssen? Wenn er dich sieht, sich dein Gesicht merkt? Yıldız, ich habe Angst."

Yıldız hatte dieselbe Angst, aber sie versuchte, ihre Mutter zu beruhigen. „Mama, wenn ich sicher bin, daß es einer von denen ist, die mich in den Wald geschleppt haben, dann sage ich es auch. Das ist die einzige Chance. Auch für Murat."

Gleich nach der Schule ging sie zur Polizei. Frau Neubert

erklärte ihr alles. Yıldız sollte durch ein Fenster schauen, würde aber von den sechs jungen Männern nicht gesehen. Alle trugen Maske, schwarze Lederjacken, Militärhosen und Schnürstiefel. Sie bat darum, daß die Maskierten die Hände zeigen sollten. Der zweite von links hatte eine Tätowierung auf dem Handgelenk.

„Es ist ein wichtiger Hinweis", sagte Christine Neubert zu Yıldız. „Wir haben in dem Waldstück, das Sie beschrieben haben, noch einiges gefunden und möchten mit Ihnen noch einmal hinfahren. Vielleicht können Sie den Tatort wiedererkennen. Schaffen Sie das?" Yıldız nickte. Dann reichte Christine Neubert ihr eine Plastiktüte mit einer Haarspange. „Gehört die Ihnen?"

„Ja. Das ist meine. Mein Freund hat sie mir zum Geburtstag geschenkt."

Christine Neubert lächelte. „Wir wissen inzwischen noch mehr." Die Freundlichkeit der Beamtin tat Yıldız gut. Sie dachte: Die Frau hat mir geglaubt, daß ich nicht nur meinem Bruder helfen will.

Sie erfuhr, daß die Polizei am Tatort auch abgeschnittene Haare gefunden hatte und viele Fußspuren und Abdrücke von Autoreifen. Nach diesem Besuch bei der Kriminalpolizei war Yıldız nicht mehr ganz so deprimiert. Sie berichtete der Mutter davon und dann auch ihrem Vater. Der redete nach langer Zeit zum ersten Mal wieder ein paar Sätze mit ihr.

Yıldız sprach auch mit Markus darüber. „Was ist, wenn dein Bruder mit dabei war und sie das herausfinden?"

„Mein Bruder ist ein Nazi, ein Krimineller. Wenn sie ihn jetzt einsperren, kann er jedenfalls nicht noch Schlimmeres anstellen." „Oder doch", sagte Yıldız. „Vielleicht wird er darüber nachdenken, wie er sich an uns rächen kann, an dir, an mir."

Eines Nachts begann Serdal Toluk von seinen Sorgen zu reden. Sie lagen schlaflos im Bett, wie so oft in den letzten Wochen. „Ich kann dir nicht mehr in die Augen schauen, Fatma. Es ist alles schiefgegangen, und ich schaffe es nicht allein. Hilf mir, bitte." Fatma Toluk legte ihre Hand auf die ihres Mannes. Sie dachte: Als ich ihm gesagt habe, was sie mit Yıldız gemacht haben, hat er mich geschlagen. Ich habe mich geduckt und versucht, seinen Schlägen auszuweichen. Dann habe ich ihn gefragt: War das jetzt anders als die blinde Wut von Murat, mit der er auf die Kerle losgegangen ist?

Sie hatte ihre blauen Flecke versteckt, so gut sie konnte. Yıldız sollte keinen Haß auf ihren Vater bekommen. Ihre Seele war ohnehin schwer verletzt worden. Deshalb erlaubte sie auch, daß Markus kam und mit Yıldız allein in ihrem Zimmer war, manchmal sogar den ganzen Abend. „Sag mir alles, was dich bedrückt", bat Fatma ihren Mann. „Du weißt, daß ich dir helfe, wenn ich kann."

Serdal Toluk streichelte ihre Hand. „Was ist nur aus dem geworden, was wir wollten, wofür wir die Heimat verlassen haben", sagte er. „Ich wollte stolz zurückkommen. Meine Familie sollte es besser haben als diejenigen, die zu Hause geblieben sind. Jetzt wird Musa mit Fingern auf mich zeigen. Gut, daß Vater das nicht mehr miterleben muß. Auch meiner Mutter kann ich nicht mehr in die Augen schauen. Sie wird sagen: Warum hast du nicht auf deine Familie aufgepaßt, Sohn?"

„Dann bleib hier, Serdal. Wir waren zwanzig Jahre in der Fremde. Vielleicht halten wir es auch noch ein paar Jahre länger aus." „Nein, das geht nicht. Ich habe hier auch meine Ehre verloren." Als ob es nur darum ginge, dachte Fatma. Das Herz tat ihr weh, wenn sie daran dachte, was ihre Kinder zu leiden hatten.

Serdal hatte beschlossen, im Sommer den Laden den Arslans zu übergeben. Sie hatten schon einen Vertrag miteinander gemacht. Spätestens Ende August würden sie zurückgehen. Murat mußten sie in jedem Fall zurücklassen. Wie würde er damit zurechtkommen? Allein im Gefängnis, ohne Besuche von der Familie? Danach mußte er bestimmt sofort zurück in die Türkei, ohne abgeschlossene Berufsausbildung. Sie dachte: Stolz und Ehre! Was ist das heute noch wert?

An wen sie in dieser Nacht auch dachte: Allen ging es besser, alle hatten eine Hoffnung, eine Zukunft. Wie aber sah ihre aus?

Yıldız hört jetzt öfter türkische Musik, und die drei Skins gestehen die Tat

Zum Ende des Schuljahres hatte Yıldız das nachgeholt, was sie durch ihre Reise in die Türkei versäumt hatte. Jutta Merkel überzeugte Yıldız vor allem davon, sich intensiver um ihre türkischen Sprachkenntnisse zu kümmern. „Du hast doch bestimmt türkische Bücher, Bildbände. Bring sie doch mal mit."

Yıldız fühlte sich dadurch motiviert. Ihr fiel es nicht besonders schwer, sich türkische Vokabeln und Sätze zu merken, weil sie vieles schon konnte. Oft legte sie jetzt auch Kassetten mit türkischer Musik in ihren Recorder. Sie dachte: Wenn ich dort in die Schule gehe, will ich wissen, was da läuft. Ich hab' keine Ahnung, für welche Popstars sie schwärmen und was sonst gerade in ist. Ulrike versuchte nun ebenfalls, etwas Türkisch zu lernen. „Für einen Urlaub reicht es. Ich werde dann vor eurem Haus stehen und fragen, ob ein Zimmer frei ist. Was heißt das auf türkisch?"

„*Boş odanız var mır,* heißt das. Aber ich werde die deutsche Sprache nie verlernen", sagte Yıldız und lachte.

Wie lange wird es dauern, bis ich türkisch denke und träume? Wann werde ich meine Gedanken nicht mehr in die Stadt schicken, in der ich geboren worden bin?

Sie werden mich immer fragen: „Sind Sie im Ausland geboren? Wo liegt diese Stadt?" Und ich werde sagen: „In Deutschland, in der Nähe von Frankfurt." Niemand wird wissen, daß diese Stadt zwischen zwei Gebirgen liegt und der Fluß fünfzig Kilometer weiter in den Rhein fließt. Sie kennen auch nicht den Dom, den jeder sehen kann, der auf der Autobahn von Frankfurt nach Köln fährt. Und sie

werden mich ausfragen über die Menschen, die dort leben, die Deutschen eben. Und was die Ausländer machen, vor allem die Türken. Denn viele, die mich fragen, werden dort hinwollen, nach Deutschland.

Ihr Prozeß gegen die Skinheads war Anfang Juli. Der Termin war deshalb so früh, damit die Ergebnisse in der Verhandlung gegen Murat Toluk verwendet werden konnten. Drei der Täter standen vor Gericht, gegen einen konnte nicht verhandelt werden, weil er geflohen war.

Als Yıldız aufgerufen wurde, um ihre Aussagen vor dem Gericht zu wiederholen, wurde die Öffentlichkeit ausgeschlossen. Gleich werde ich in ihre Gesichter sehen, dachte Yıldız. Ihr wurde übel, und sie hatte das Gefühl, ihre Beine könnten sie nicht durch den Saal bis zu dem Stuhl tragen, auf den sie sich als Zeugin setzen mußte. Nimm dich zusammen, Yılı! Du mußt das durchstehen. In der ersten Reihe der leeren Zuschauerbänke saß Christine Neubert. Sie nickte ihr beruhigend zu.
Auf die Fragen des Richters zu ihrer Person antwortete Yıldız mit leiser Stimme. „Erkennen Sie einen der Angeklagten wieder?"
Vor diesem Augenblick hatte sich Yıldız am meisten gefürchtet. Sie schaute die drei Jungen auf der Anklagebank an. Die blickten an ihr vorbei. Yıldız dachte: Niemand würde ihnen zutrauen, was sie getan haben. Die meisten würden sagen: Junge Leute wie andere auch. Bißchen verrückt mit ihren Glatzen. Aber Kriminelle? Yıldız versuchte, in den Gesichtern zu lesen. Aber das war wie eine Wand, hinter die sie nicht schauen konnte. Masken.
„Nein", sagte sie. „Ich erkenne keinen wieder. Sie haben alle Masken getragen."
Der Richter machte sich Notizen.
„Die Angeklagten haben die Tat gestanden, Zeugin Toluk. Aber wir müssen auch Sie dazu befragen. Bitte, schildern Sie, was an dem Tag passiert ist."
Yıldız begann stockend und leise. Manchmal war sie nahe daran zu weinen. Als sie zu den Angeklagten hinübersah, erschrak sie über ihre kalten, gelangweilten Gesichter. Masken, dachte sie, und hinter den Masken nochmals Masken. Ich werde sie ihnen herunterreißen. Ich werde

mich an alles erinnern: an das Klebeband an meinen Händen und auf meinem Mund, an das Messer, die Pistole, an
ihre Musik, ihre Worte. Als sie alles gesagt hatte, sah sie
nochmals zu den Jungen hinüber. Aber an ihrem Gesichts-
ausdruck hatte sich nichts geändert.

Sie atmete erleichtert auf, als sie wieder gehen konnte.
Christine Neubert begleitete sie nach draußen. „Soll ich
bei Ihnen bleiben?" „Nein, es geht schon. Danke für alles.
Vor allem dafür, daß Sie mir geglaubt haben. Aber was
wird jetzt aus denen?"

„Sie kommen ins Gefängnis. Aber ob sie dadurch anders
werden, weiß man nicht. Werden Sie abgeholt?"

„Ja, meine Eltern warten auf mich. Und was wird aus meinem Bruder?"

„Er wird auch sein Urteil bekommen, Yıldız. Da ist ein
Mensch gestorben. Aber das, was heute gesagt worden ist,
werden die Richter berücksichtigen."

„Er wollte bestimmt keinen töten", sagte Yıldız. „Er wollte einfach zeigen, daß er keine Angst vor ihnen hat. Daß
niemand Angst haben muß. Können Sie das nicht verstehen?"

Christine Neubert sagte ernst: „Und wenn das alle so
machen würden? Man kann auch anders beweisen, daß
man keine Angst hat. Mit Fäusten und Messern sind vielleicht früher Probleme gelöst worden. Aber jetzt?"

„Fragen die Skins danach?" Yıldız verabschiedete sich von
der Kriminalbeamtin. „Wenn alle so wären wie Sie, Frau
Neubert."

Yıldız läßt sich mit dem Packen Zeit, aber der Abschied kommt immer näher

Fatma Toluk packte in die Umzugskartons, was sie mit den Möbeln in die Türkei schicken wollte. Tayfun Arslan, ein Bekannter ihres Mannes, der das Geschäft übernehmen wollte, stand neben Serdal im Laden. Seine junge Frau Birhan sprach fast kein Deutsch. „Du mußt die Sprache lernen", sagte Yıldız immer wieder zu Birhan. „Sonst hast du keine Chance."

Yıldız ließ sich mit dem Packen Zeit. Sie wollte nicht auf gepackten Koffern sitzen und warten. Die Möbel aus ihrem Zimmer blieben sowieso da, denn sie waren schon ziemlich alt. Und das, was ihr wirklich etwas bedeutete, paßte in zwei Koffer.

In zwei Wochen war der Prozeß gegen Murat. Die Anklage lautete auf schwere Körperverletzung mit tödlichem Ausgang, also nicht auf Totschlag oder Mord. Dr. Schindler machte ihnen aber keine Hoffnung, daß es eine Strafe auf Bewährung werden könnte.

Markus war Zeuge im Prozeß gegen Murat.

„Was wirst du aussagen?" fragte Yıldız.

„So, wie es gewesen ist, was sonst? Ich weiß es auch nur von seinen Freunden. Murat hat sich gewehrt wie verrückt. Die Skins haben geschrien und nach ihm getreten. Da ist er durchgedreht. Das Messer hatten sie ihm doch gleich aus der Hand geschlagen. Ich denke, Murat wollte damit sowieso nur drohen."

Nach einigen Regentagen war es noch einmal sehr heiß geworden. „Komm, wir fahren raus", sagte Markus. Er wollte Yıldız ablenken, sie auf andere Gedanken bringen. Yıldız holte ihr Fahrrad aus dem Keller, und sie fuhren aus der Stadt. Am Fluß fanden sie eine Stelle, an der kaum Leute vorbeikamen. Sie lehnten ihre Räder an einen Baum und legten sich in den Schatten. Yıldız dachte: Das ist schon fast wie Abschiednehmen. Und dabei denke ich, es müßte jeden Augenblick jemand zu mir sagen: Wach auf, Yılı. Das träumst du alles nur.

„Warum hast du mir nicht schon früher von Ben erzählt?" fragte sie plötzlich. „Als wir das erste Mal im Kino waren, zum Beispiel. Oder als du mich zum Eis eingeladen hattest."

„Ich hatte Angst ..."

„Angst! Immer wieder Angst", sagte Yıldız, und sie wunderte sich, wie ruhig sie das sagte. „Die Angst hat uns klein gemacht und schwach." Sie hatte ja selbst nicht anders reagiert.

Erst hatte ich Angst, meinen Eltern von der Sache mit den Steinen zu erzählen, dachte sie, dann habe ich weiter geschwiegen. Und als Murat davon erfahren hat, ist er durchgedreht. Auch aus Angst, was aus uns werden soll.

„Seit wann hast du eigentlich geahnt, daß es Ben gewesen sein könnte, der die Skins auf mich gehetzt hat? Warum hast du damals den Mund nicht aufgemacht? Auch aus Angst?"

Markus griff nach ihrer Hand. „Hältst du mich jetzt für einen Feigling? Ich habe doch nicht gewußt, wie weit Ben gehen würde." Ach Mark, dachte Yıldız. Vor wenigen Monaten warst du noch so groß in meinen Augen. Was du gesagt hast, habe ich geglaubt. Aber es ist viel passiert in der kurzen Zeit. Ich bin um vieles älter und klüger geworden.

„Nicht mehr streiten", bat Markus plötzlich. „Wir haben nur noch so wenig Zeit füreinander. Wir werden uns lange nicht sehen. Aber wir werden uns schreiben, miteinander telefonieren, uns in den Ferien wiedersehen ..."

„Ach Mark, es wird alles anders kommen."

„Ich glaube aber daran, Yılı. Du machst deine Schule in der Türkei fertig und ich hier. Wenn wir beide studieren, sieht alles schon wieder ganz anders aus. Wir werden einen Weg finden. Ganz bestimmt."

Yıldız dachte: Es ist sicher leichter, wenn man sich mit einer solchen Hoffnung trennt. Sonst könnte man es nicht aushalten. Vielleicht hat Mark ja recht, und wir kommen wieder zusammen. Später einmal. Irgendwann. Irgendwo.

Serdal Toluk muß ins Krankenhaus, und Yıldız erfährt, daß sie noch länger bei Mark bleiben kann

Einige Tage später wurde das Urteil gegen Murat verkündet. Drei Jahre und sechs Monate Gefängnis. Ohne Bewährung. Serdal Toluk hörte mit versteinertem Gesicht zu. Er verließ den Gerichtssaal, ohne noch einen Blick auf seinen Sohn zu werfen.

Yıldız und ihre Mutter konnten ein paar Worte mit Murat sprechen. Als sie wenig später auf den Flur kamen, saß Serdal zusammengekrümmt auf einer Bank. Er rang nach Luft und preßte die Hand auf die linke Brustseite.

„Schnell! Einen Arzt!" rief jemand.

Yıldız rannte in eines der Zimmer und stammelte: „Wir brauchen einen Arzt. Bitte! Mein Vater hat einen Herzanfall!"

Kurz darauf war der Notarzt da. „Wahrscheinlich ein Infarkt", sagte er kurz. Fatma fuhr im Notarztwagen mit ins Krankenhaus. Yıldız stand plötzlich ganz allein da. Sie ging nach Hause und verkroch sich in ihrem Zimmer. Papa darf nicht sterben! dachte sie immer wieder. Was wird denn dann aus uns, wenn er stirbt? Ich hab' ihn doch lieb. Sie heulte ihre Angst in das Kissen und wußte nicht mehr, wie lange sie so auf ihrem Bett gelegen hatte, als Birhan die Hand auf ihren Kopf legte. „Was ist passiert, Yılı?"

„Mein Vater! Sie haben ihn ins Krankenhaus gebracht. Ich habe so schreckliche Angst um ihn."

„Geh ins Krankenhaus", sagte Birhan. „Du mußt bei deiner Mutter sein. Und bei deinem Vater."

Yıldız nickte. Ein paar Minuten später war sie auf dem Weg dorthin. Immer wieder betete sie: Gott oder Allah!

Ich weiß nicht, welchen Namen ich dir geben soll. Laß alles gut werden. Laß meinen Vater nicht sterben!

An der Pforte des Krankenhauses schickte man sie in die Herzchirurgie. Dort fand sie im Warteraum ihre Mutter. „Sie haben Vater auf die Intensivstation gebracht. Ich darf ihn nachher kurz sehen. Warum hat er nur immer alles in sich reingefressen? Mit allem wollte er allein fertig werden. Da muß ja ein Herz kaputtgehen!"

Yıldız erinnerte sich an den Streit, den ihr Vater mit Musa gehabt hatte. Wenigstens einmal hatte er sich für seine Familie durchgesetzt. Aber das hat ihn wohl zu viel Kraft gekostet. Und nun sieht er, daß sein Lebenswerk zerstört ist. Ist das nicht Grund genug, zusammenzubrechen?

Sie wünschte in diesem Augenblick nur, daß Vater seinen Traum vom eigenen Haus mit der Wiese voller Apfelbäume erleben würde. Er darf nicht sterben! Er ist doch nicht schuld daran, daß alles so gekommen ist. Er wollte doch immer nur das Beste. Und sicher hat er recht, wenn er uns zurückbringen will. Für ihn ist die Türkei immer seine Heimat gewesen. Soll er jetzt hier sterben?

„Es geht ihm besser", sagte der Arzt. „Aber er braucht viel Ruhe. Sie können für ein paar Minuten zu ihm. Wirklich nur kurz."

Serdal Toluk versuchte zu lächeln, als Yıldız und ihre Mutter ins Zimmer kamen. Er war an viele Geräte angeschlossen. Yıldız streichelte seine Hand.

„Was ist mit Murat?" fragte Serdal.

Fatma küßte ihn auf die Stirn. „Er ist vielleicht bald wieder bei uns. Dr. Schindler wird Berufung gegen das Urteil einlegen."

Yıldız lächelte ihrem Vater zu. „Werde schnell gesund, Papa." Dann beugte sie sich zu ihm hinunter und gab ihm auch einen Kuß.

Dr. Schindler hatte keine Berufung gegen das Urteil eingelegt. Murat wollte das so. „Ich will das hinter mir haben und nicht immer auf etwas warten. Die Chance, daß sich an der Strafe etwas ändert, ist sowieso gleich Null."

Bei den Besuchen im Krankenhaus wechselten sich Yıldız und ihre Mutter ab. Seit Serdal Toluk nicht mehr auf der Intensivstation lag, war er ungeduldig und wollte schnell nach Hause. Die Ärzte lehnten es ab. Zusammen mit Yıldız entwickelte Fatma einen Plan, der ihn beschäftigen und ablenken sollte.

„Ufuk wird dafür sorgen, daß der Bau nächstes Jahr fertig wird. Ich habe mit ihm telefoniert. Aber ich muß mich auch selbst noch um einiges kümmern. Bevor Vater nicht wieder gesund ist, können wir sowieso nicht zurückgehen. Sonst wird das alles zu viel für ihn."

Yıldız wußte nicht, ob sie sich darüber freuen sollte oder nicht. „Das bedeutet, daß ich im September wieder in meine Schule gehe?" „Entweder das, oder du wohnst bei Großmutter und besuchst die Schule in Amasya, für die wir dich schon angemeldet haben. Du kannst das selbst entscheiden, Yılı."

Yıldız wollte lieber hierbleiben. Es war für sie keine schwere Entscheidung. „Ich kann in dieser Zeit meine Sprachkenntnisse hier noch verbessern", sagte sie. „Es ist gut, wenn ich noch hierbleibe." Das war jedoch nicht der eigentliche Grund. Das Wichtigste war für sie: Mark und ich haben noch Zeit füreinander.

Sie lief noch am gleichen Nachmittag, an dem sie mit ihrer Mutter darüber gesprochen hatte, zu Markus. Sie wollte seine Freude darüber sehen, daß sie noch bleiben konnte, das Leuchten in seinen Augen.

„Du bleibst hier? Du bleibst noch hier?" fragte er immer wieder. Zum ersten Mal nach langer Zeit erlebten sie wieder einen heiteren Nachmittag. Sie hörten ihre Lieblings-CDs, küßten sich, machten Pläne. „Und wer weiß, was bis nächstes Jahr ist, Yılı."

Yıldız lehnte sich an seine Schulter und dachte: Ja, wer weiß.

Ihre Mutter dagegen war sehr aktiv. Als es Serdal wieder besser ging, buchte sie einen Flug in die Türkei. „Kommst du ein paar Tage ohne mich zurecht, Yılı?"

„Klar, Mama. Ich habe nicht mal Zeit, dich zu vermissen. Was ich alles machen soll! Bleib, solange du bleiben mußt. Ich werde Papa jeden Tag besuchen, und du kannst mich ja abends anrufen."

Es war der letzte Tag vor dem Ende der Sommerferien. Yıldız begleitete ihre Mutter im Zug zum Flughafen nach Frankfurt. Sie war froh, als die Maschine nach Ankara nur noch als kleiner Punkt am Himmel zu sehen war. Sie wollte den Tag in der Großstadt verbringen, ohne ein bestimmtes Ziel. Mit der S-Bahn fuhr sie bis zur Stadtmitte und bummelte dann ohne Eile durch die Fußgängerzone. Es war Sonntag, und die Geschäfte waren geschlossen. Schade, daß Mark jetzt nicht hier ist, dachte sie. Wir könnten Eis essen, Schaufenster anschauen, einfach herumbummeln oder in eine Pizzeria gehen. Sie hätte ihn am liebsten angerufen und ihn gefragt, ob er nicht mit dem nächsten Zug kommen wollte. Einen Abend mit Mark hier in der großen Stadt – das wäre wunderbar. Sie betrachtete sich in einer Schaufensterscheibe. Ja, sie war hübsch. Zum ersten Mal nach langer Zeit akzeptierte sie sich wieder. Sie holte tief Luft. Es tat ihr gut, in dieser Stadt einfach so zu laufen, die Leute zu beobachten. Eine ganze Weile hörte sie einem Straßenmusikanten zu, um den sich die Leute gestellt hatten. Es war ein Engländer, und er brachte mit seinen Späßen alle zum Lachen. Yıldız legte zehn Mark in seinen Hut. Als er sie überrascht anschaute, lachte sie ihn einfach an.

Abends fuhr sie mit der S-Bahn zum Hauptbahnhof. Dann stieg sie in den Zug, um heimzufahren. Als sie ankam, stand Markus am Bahnhof. „Ich dachte schon, du kommst überhaupt nicht mehr", sagte er. „Das ist der dritte Zug, von dem ich dich abholen wollte ..." Yıldız fiel ihm um den Hals. „Ach Mark! Es war herrlich in Frank-

furt. Ich wollte dich schon anrufen, damit du hinkommst."
„Warum hast du es nicht gemacht?" Markus strahlte, und
seine Enttäuschung darüber, daß er so lange umsonst auf
sie gewartet hatte, war weg. „Na, dann erzähl mal!" sagte
er lachend.

Die Zeit der Heimlichkeiten ist vorbei

Yıldız war plötzlich der Mittelpunkt in der Klasse. „Prima, daß du noch hierbleibst!" Sie hatte weiche Knie gehabt, als sie nach den Sommerferien wieder in ihre Schule gegangen war, weil sie Angst vor den Fragen gehabt hatte, die man ihr stellen würde. Über die Prozesse gegen die Skinheads und ihren Bruder war in den Zeitungen berichtet worden. Ihr Name kam nirgendwo vor, aber daß es um sie ging, konnten sich alle denken. Ihre Klassenlehrerin nahm ihr die Angst. Gleich in der ersten Stunde informierte sie alle sehr sachlich. Anschließend konnte jeder sagen, was er dazu dachte. Auch Yıldız. Sie sprach zum Schluß der Stunde. „Ich habe daraus gelernt, daß es falsch ist zu schweigen. Die anderen denken dann, daß denen, die sich alles gefallen lassen, ganz recht geschieht. Es ist mir nicht leicht gefallen, mit euch darüber zu reden. Fragt mich jetzt nicht noch weiter aus. Und Mitleid will ich auch nicht. Das war's."

Markus hatte sich einfach neben sie gesetzt. Auch andere aus der Klasse hatten zum neuen Schuljahr die Plätze gewechselt. Sie wollten zeigen, wer jetzt zusammengehörte. Sie wurden langsam erwachsen.

Als Yıldız am ersten Schultag nach dem Unterricht die Klasse verlassen wollte, ging sie vorher noch einmal zu ihrer Klassenlehrerin. „Teşekkür, Frau Merkel."

Jutta Merkel schaute auf. „Was heißt das, Yıldız?"

„Das heißt *danke,* auf türkisch."

Auch mit ihrem Vater sprach Yıldız jetzt mehr türkisch, wenn sie ihn im Krankenhaus besuchte. Er machte sich große Sorgen, wie es weitergehen sollte. „Hör auf damit, Papa. Mama macht das alles prima. Hat sie dich angerufen? Aus Amasya?"

„Ja, aber ich konnte sie nicht gut verstehen. Die Verbindung war so schlecht. Gibt's was Neues?"

Yıldız erzählte ihrem Vater vom ersten Schultag nach den Sommerferien. Dann legte sie ihm einen Brief von Murat hin. „Die Arslans lassen dein Ladenschild dran, bis wir endgültig weggehen. Mit der Wohnung ist auch alles in Ordnung. Es geht, wenn wir alle ein bißchen zusammenrücken."

„Ihr braucht mich ja gar nicht mehr", meinte Serdal Toluk. Seine Stimme war noch leise und klang müde. Aber seine Augen glänzten, wenn Yıldız ihm von dem Haus in Amasya erzählte. „Im nächsten Sommer können wir einziehen."

Serdal Toluk las immer wieder Murats Brief. Plötzlich fragte er seine Tochter ganz leise: „Und du, Yılı, kleiner Stern? Bist du nicht traurig, wenn wir für immer von hier weggehen? Vielleicht denkst du, daß dein Vater nicht gut für dich gesorgt hat?"

„Bestimmt nicht, Papa", antwortete Yıldız. „Wir werden alle mithelfen und uns ein neues Zuhause schaffen. Du mußt nicht immer die ganze Verantwortung tragen."

Es ist Sonntag. Vor einem Jahr haben die Skins sie überfallen. Yıldız hatte zunächst Angst vor diesem Tag. Doch dann dachte sie: Es ist vorbei, ein für allemal!

Sie sitzt mit der Mutter beim Frühstück. Ihr Vater ist zur Kur, und die Arslans räumen den Laden auf. Plötzlich steht Markus mit einem Rosenstrauß in der Küchentür.

„Was ist denn mit dir los?" fragt Yıldız erstaunt. Markus wickelt vorsichtig das Papier von den Rosen. „Ich wollte dir eine Freude machen. Jetzt ist das alles vorbei, und ich habe gedacht – heute vor einem Jahr …"

Fatma Toluk reißt ihm den Rosenstrauß aus der Hand,

wirft ihn auf den Boden und schreit Markus wütend an:
„Du bist wohl verrückt geworden? Alles vorbei! Mein
Mann hat einen Herzinfarkt gehabt, Murat sitzt im
Gefängnis, und Yıldız …"

„Mama!" Yıldız unterbricht ihre Mutter und hebt die Blumen auf.

„Mark hat es doch nur gut gemeint."

Fatma schüttelt den Kopf. „Mama", bittet Yıldız leise. Da

gibt Fatma ihm die Hand und sagt: „Entschuldige, Markus, aber ich kann nicht so einfach vergessen."

Yıldız zieht Markus aus der Küche und die Treppe hinauf in ihr Zimmer. Markus ist verlegen. „Ich wollte dir einfach nur eine Freude machen, Yılı."

Yıldız legt ihm den Finger auf den Mund. „Ich freu' mich doch, Mark."

Sie stellt die Rosen in eine Vase und holt Wasser. Als sie zurückkommt, nimmt Markus sie in den Arm. „Ich bin doch nur so froh, daß du noch da bist. Stell dir vor, ich müßte dir jetzt lange Briefe schreiben und mein ganzes Taschengeld für's Telefonieren ausgeben."

Yıldız lacht. Markus ist ein so großer Junge und ein so kleines Kind. Sie nimmt seinen Kopf in beide Hände und küßt ihn. Mitten auf den Mund.

Eine Sammlung von Liedern und Rap-Gesängen, die den Deutschunterricht auflockern.

Deutsch lernen mit Rap und Liedern

23 Lieder fordern auf zum Mit- und Nachsingen, haben alltägliche Situationen zum Thema und motivieren zu streßfreiem, spielerischem Lernen und Wiederholen.

Es finden sich auch Vorschläge zu Dialogen, Pantomimen, Bildgeschichten und vieles mehr.

Die Unterrichtsentwürfe sind fertig vorbereitet und dürfen vom Lehrer kopiert werden.

Lieder- und Übungsbuch
104 S., 19,5 x 26,5 cm,
ISBN 3-468-49557-9

2 Audiocassetten
je 60 Min.,
ISBN 3-468-49558-7

Langenscheidt L
...weil Sprachen verbinden

Postf. 40 11 20 · 80711 München · Telefon 0 89/3 60 96-0